古代史再検証

大化の改新

関裕二
Seki Yuji

廣済堂出版

はじめに

大化改新《たいかのかいしん》（六四六）の真相がはっきりと解明できれば、古代史の謎解きは、ほぼ終わる。

ホラを吹いているわけではない。三世紀から四世紀にまたがるヤマト建国、六世紀初頭の継体《けいたい》天皇の出現、七世紀後半の壬申《じんしん》の乱（六七二）、宇佐八幡宮神託事件（七六九）、そして平城京から平安京への遷都などなど、これまで明確にできなかった日本史の根幹を大化改新を軸にして描き直せば、矛盾なく説明できる。不思議なヤマトの大王（天皇）の正体も、説明可能となる。大王の命令は絶対だが、だからといって大王が実権を握っていたわけではなかったのはなぜか……。

大化改新の矛盾や謎を解き明かせば、芋づる式に解けてくる。日本史の基礎を固めるには、大化改新の真相を知ることだ。大化改新は、日本史のキモなのだ。極論すれば、大化改新の歴史が抹殺されてしまったことで、古代史、中世史、近世史、近代史、現代史が、あやふやになってしまったのだ。

そう考える根拠は、確かにある。

これまで、乙巳《いっし》の変と大化改新は、「専横（好き勝手）をくり広げていた蘇我本宗家（本家。蘇我蝦夷《えみし》と蘇我入鹿《いるか》）を潰し、王家を復興し、律令《りつりょう》（明文法）が整えられ、一気に改革を成し遂げた正義の事件」と信じられてきた。『日本書紀』にそう書いてあったからだ。しかし、すでに門脇禎二《かどわきていじ》らは、大化改新で改革事業が大発展したのは、『日本書紀』のウソと指摘していたし、蘇我氏見直し論がようやく高まりを見せ始め、『日本書紀』の記事を鵜呑《うの》みにすることはできなくなってきたのである。

『日本書紀』そのものが、怪しい文書だったのだ。

現存最古の正史（「正史」とは、政権が正式に編《あ》んだ歴史書）『日本書紀』の編纂《へんさん》時の最高権力者が藤原不比等《ふひと》で、彼は蘇我入鹿暗殺を主導した中臣（藤原）鎌足の子だった。つまり、蘇我入鹿暗殺の正当性は、『日本書紀』の中で権力者・藤原不比等の思惑を秘めて証明されたわけだ。父親を顕彰することで、「藤原氏勝利の意味」を、再確認したことになる。「古代史最大の英雄＝中臣鎌足」が、こうして生まれたわけだ。

そこで問題となるのは『日本書紀』が、事件の経過を正直に描いたかどうかだ。

奇妙なことはいくつもある。

蘇我本宗家が滅びた翌年、大化改新が断行され、改革事業は一気に進捗したと『日本書紀』は言う。ところが、研究が進むにつれ、事業は遅々として進んでいないことが分かってきた。改革が行われていたことは確かにしても、これが完成するには、約半世紀の時間を費やしたと考えられるようになってきた。ならばなぜ、『日本書紀』は「改革はすぐ成し遂げられた」と記録したのだろう。

理由ははっきりとしている。「蘇我本宗家が滅びたことに意味がある」と主張したかったのだ。「蘇我本宗家が邪魔していた」「それを押しのけたのが中臣鎌足」と言う図式が描ける。

ところが近年、「蘇我氏は改革派だったのではないか」と疑われるようになってきて、『日本書紀』のウソが露顕してきたのだ。やはり、『日本書紀』は中臣鎌足の正義を称えるために、歴史を改竄《かいざん》（書き改めた）した可能性が高い。そして、蘇我氏を倒して、蘇我氏の手柄を横取りしていたのだろう。

『日本書紀』は、歴史の転換点＝大化改新で嘘をつき、蘇我氏に史上最悪のヤツらとレッテルを貼った。この主張（ウソ）を貫き通すために、歴史をいじりはじめた。それが、『日本書紀』の正体なのだ。

それだけではない。蘇我氏の祖に関して、『日本書紀』は沈黙を守る。「蘇我氏は渡来系の成り上がりではないか」と疑われてきたが、もしそれが本当なら、『日本書紀』は鬼の首をとったように「喧伝《けんでん》」しただろう。しかし『日本書紀』は、逆のことをした。蘇我氏の御先祖様を明記しなかったのだ。これは、蘇我氏が正統な氏族だったことを暗示しているし、蘇我氏の「姓《かばね》」は「臣《おみ》」で、これは古い時代の天皇の末裔に与えられるケースが多い。実際筆者は、蘇我氏の祖はヤマト建国にも関わっていて、彼らが名門豪族だったと睨《にら》んでいる。

『日本書紀』編者は、蘇我入鹿暗殺の正当性を証明し、中臣鎌足の正義を謳《うた》いあげるために、まず乙巳の変と大化改新の真相をすり替え、それによって生じた「ねじれ」を取り繕《つくろ》うために、ヤマト建国に遡《さかのぼ》って歴史を「おとぎ話」にして、蘇我氏の正統性を抹殺したのだと思う。だからこそ、大化改新を起点にすれば、古代史の謎は芋づる式に解けてくると言っているのである。

そこで、大化改新の真実を、この本の中で明らかにしておきたい。

古代史再検証　大化の改新◉目次

第一章　大化改新は日本の大転換点だった？

第二章　大化改新を探る

第三章　どうすれば改革者を大悪人に仕立て上げられるのか

第四章　中大兄皇子はなぜ蘇我入鹿を殺したのか

第五章　百済王子「中臣鎌足」という黒幕

第一章　大化改新は日本の大転換点だった？

ひと目でわかる！

謎解きのポイント

国の統治体制を刷新するという大化改新の名目は本当に真実だったのか？

日本史のエポックメーキングな出来事

大化改新

646年…蘇我氏を滅亡させた乙巳の変（645年）に始まり、初となる元号の使用、男女の法の制定、国博士および内臣・左大臣・右大臣の新設、私地私民の禁止、飛鳥から難波長柄豊碕宮《なにわのながらのとよさきのみや》への遷都の決定などの改革が進められた

定説

時代背景は中央集権のヤマト朝廷

大王が強大な力を持つ →

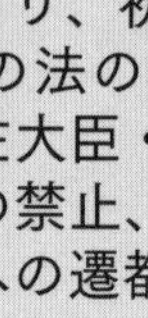

前方後円墳の大きさ

実際には地方豪族による合議制

さらに

大王の母方の実家が帝の権力を握る

つまりこういうこと!

大化改新の目的は本当に「体制の刷新」だったのか?

ここで統治機構の再編成を図る

〝独裁者〟
雄略《ゆうりゃく》天皇の登場

↓

〝酒池肉林〟の
武烈《ぶれつ》天皇

↓

直系の後継者なし

北陸からきた〝部外者〟
継体《けいたい》天皇の登場

↑

異例の地方皇族出身!

●――ヤマトの王は権力者だろうか

乙巳《いっし》の変（六四五）の蘇我入鹿暗殺とそれに続く大化改新（六四六）は、日本史最大の転換点だったと、『日本書紀』は主張する。元号も「大化」と名付けられ、時代は「大きく化けた」のである（「大化」という元号が存在したのかどうか、疑問視されてもいるが、『日本書紀』が「大きく化けた」の元号をあえて掲げたところに、大きな問題が隠されていると思う。ただしここで話を広げるとややこしくなるので、詳細はのちに）。

ちなみに大化改新は、古代最大の行政改革、統治システムの刷新をさす。ヤマト建国から始まり三百五十年近く継続してきた政権のありかたが、大きく入れ替わったのだ。

ならば、大化改新で、なにが変わったのだろう。

戦前、大化改新は、天皇権力が絶対化される事件と位置づけられていた。『古事記』や『日本書紀』の天皇を神聖視する記述をそのまま受けとめる伝統的な考え方だ。もうひとつは、中国の律令国家とよく似た形の法整備がすすんだという考えだ。このころは、全体的に大化改新は国体回復運動とみなされた。また、七世紀前半の推古朝が、その下準備の時期として評価されていた。

戦後になると、皇室中心史観は影をひそめ、大化改新以前から、すでに律令整備の萌芽は生まれ、皇室の実力も大きくなっていたと考えられるようになった。また、アジア的共同体という視点で大化改新が語られはじめ、共同体の権力が組織の頂点に集中するのは当然であり、律令制度は、専制君主制でもあったと言う。

ところが昭和二七年（一九五二）に、関晃《せきあきら》は異論を展開しはじめた。それまでの「専制国家論」に対し、「畿内貴族政権論」を提唱したのだ（『関晃著作集　四』吉川弘文館）。中国とは異なり、畿内勢力による全国制覇を前提に「畿内制」を重視した。政権中枢を担う豪族たちが宮の周囲に居住し、宮が移っても、変化しない特別な領域が存在し、畿内貴族豪族勢力は天皇権力に対抗できる力を獲得していたというのである。

多くの反発を受けた発想だが、次第に賛同者も増えていった。

ただし、この問題はなかなか決着を見ていない。時代ごとに、大王（天皇）のあり方も変化していた。強大な権力を握っていた天皇や院（太上《だいじょう》天皇）は実在したし、『日本書紀』はヤマト建国を神武天皇による武力制圧として描いている。

そこで、大王と天皇の本質を知るためにも、大化改新以前のヤマトの統治システムを、まずおさらいしておこう。弥生時代後期とヤマト建国まで、話はさかのぼる。古代の天皇は、強大な権力を握っていたのか、あるいはそうではなかったのかを、確かめておきたいのだ。

三世紀から四世紀にかけて奈良盆地の南東部（桜井市の纒向《まきむく》遺跡）に多くの人々が集まり、前代未聞の宗教と政治に特化された都市が生まれ、前方後円墳が出現し、この斬新な埋葬文化が各地に伝播していく。ヤマト政権側から地方の有力者に対し、造営する権利を認め、威信財を配り、信仰形態を共有する連合体が生まれた。これが、ヤマト建国だ。

まず最初に持ち上がる問題は、ヤマトの王が、どれほどの力をもっていたのかである。巨大な前方後円墳を造営するために、大量の労働者を狩り出さねばならず、それを可能にしたのは、ヤマトの王が強大な権力を獲得したからだとする説が、根強くあった。

たとえば甘粕健《あまかすけん》は、ヤマトの大王は強権を握っていたと考える。その証拠のひとつに挙げたのが、王の前方後円墳のまわりに造られるようになった「周濠《しゅうごう》」である。これは、元々はため池を造る農業土木技術の応用だったとした上で、次のように述べている。

> 先進的な技術を先取することによって、王権の経済的基盤を確立した大王が、まさにその権力を支える物質的な力であった土木技術を利用して、周濠という世界の王墓にも例のない独特な外周施設をつくり出すことによって、その権威を誇示したのである。

また、『日本書紀』に記された箸墓《はしはか》造営の記事を採りあげ、次のように述べる。

自律的な共同体の一協業組織のたんなる総和ではなく、すでに大規模な軍事組織にも似た権力的な機構によって動かされていたと考えられる。古墳の造営は（中略）族長を祀る共同体の祭祀という側面を形骸化しつつ、専制君主の権威誇示の大土木事業へと転化していたと考えざるをえない（『日本の考古学5　古墳時代　下』近藤義郎　藤沢長治編　河出書房）。

このような考えが、長い間通用していたのである。

●巨大な前方後円墳は強大な王をイメージさせる

巨大な前方後円墳を眺めれば、古代の王（大王。のちの天皇）が巨大な権力を握っていたと感じることは、当然といえば当然だった。

考古学者の都出比呂志《つでひろし》も、似た考えを示し、ヤマト建国後の統治システムを「前方後円墳体制」と呼んでいる。

都市・纒向が出現する前後（二世紀末から三世紀初頭）、東海地方では前方後方墳（念のために言っておくが、前方後円墳ではない。よく似ているが、前も後ろも方形）が誕生していて、都出比呂志は、邪馬台国の卑弥呼が三世紀半ばに戦った狗奴国《くなこく》は、この前方後方墳が造られた地域だったと推理している（「魏志倭人伝《ぎしわじんでん》」に、邪馬台国は北部九州沿岸部から見て南の方向にあったとあり、さらに南方の狗奴国と争ったと記されている。邪馬台国畿内論者は、北部九州から見た「南」を「東」に改めて読み直しているから、邪馬台国＝ヤマトの南の狗奴国は、必然的に「東の東海地方」とみなすことになる）。

そしてこのあと東海地方にも前方後円墳が広まっていたこと、前方後円墳が前方後方墳を規模の上で凌駕《りょうが》し、また前方後方墳が前方後円墳と同じ尺度で設計されていることから、邪馬台国と狗奴国の戦いは邪馬台国が優位に立ち、和解したものと考えた。前方後方墳を造っていた地域の首長をも包括したヤマトの統治体制を、都出比呂志は「前方後円墳体制」と呼んだ。

また、「支配者集団は巨大な古墳を築いて自分たちの力を誇示し、権力の維持をはかる必要があったのです」（『古代国家はいつ成立したか』岩波新書）と述べ、前方後円墳を頂点として前方後方墳、円墳、方墳の順番に序列化された身分秩序を形成していたと説く。

「古墳時代体制」は、弥生時代と較べれば、格段の差があった。たとえばヤマト建国直前に吉備に造られた楯築《たてつき》弥生《やよい》墳丘墓《ふんきゅうぼ》（岡山県倉敷市。双方中円式墳丘墓）は、前方後円墳の原型になったと考えられているが、ヤマトに造られたもっとも古い前方後円墳のひとつ・箸墓（箸中山古墳。桜井市）は、楯築弥生墳丘墓の百倍の堆積を誇る。ヤマト建国によって、古墳の規模が格段に大きくなっていたことが分かる。そしてこの最古の段階の前方後円墳は南の鹿児島県から北の宮城県まで伝播しているから、ヤマト政権成立直後から、前方後円墳という埋葬文化を共有する首長たちの連合体が生まれていたのである。

この様子を見れば、ヤマトの王の強さを感じずにはいられない。『日本書紀』や『古事記』の神武東征記事も「強い征服王」を連想させる。

◉──なぜ三百年間人びとは前方後円墳造営に反発しなかったのか

ところが、「古墳時代の強い王」という発想は、次第に疑われつつある。前方後円墳の大きさと天皇権力の強さは比例しない可能性が出て来たのだ。そう主張する学者は、まだ多くはないが、たとえば考古学者の広瀬《ひろせ》和雄《かずお》は、じつに説得力のある説を展開している。『前方後円墳国家』（角川選書）の中で、次のように指摘している。

> 各地の人びとが一人の大王に敬意を表して、まったく自発的に古墳造営に従事したとみなす考えがあってもよい。

　これまでにほとんど唱えられなかった発想だ。

『日本書紀』には、人びとが古墳作りに喜んで参画している様子が描かれている。それが、崇神九年九月条で、三輪山の神・大物主神《おおものぬしのかみ》と結ばれた倭《やまと》迹《と》迹《と》姫命《ひめのみこと》が亡くなって墓を造った話だ。昼は人が造り、夜は神が造った。大坂山《おおさかやま》（奈良県北葛城郡香芝町穴虫）から人びとが並んで手渡しで石を運んだという。興味深いのは、時の人がこれを「大変だった」と嘆くのではなく、「力を合わせればできるではないか」と自慢気に歌にしているところだ。

　ちなみにこの墓が、初期の前方後円墳、ヤマト建国の象徴とされる纒向の箸墓である（だからこそ『日本書紀』は記事を書いたのだろう）。

　民は奴隷のように労働を強制されたわけではなさそうだ。しかも、嬉嬉として働いている様子がみてとれる。

　もちろん、

「これは政権のプロパガンダだから、信頼できない」

と、疑うことも可能だ。しかし、ヤマト建国から六世紀末、七世紀初頭まで三百年以上も、前方後円墳は造られ続けた。その間、一度たりとも、「古墳造りはもういやだ」と、反乱が起きなかった。この事実を無視することはできない。為政者が「さすがにもう無理強いはできぬか」と、思わなかったところに、ことの真相が隠されていたのではなかったか。

ならばなぜ、人々は古墳造りに抵抗しなかったのだろう……。

古墳造りは神事であり、お祭りのような共同作業だったのではあるまいか。広瀬和雄が推理したように、王を慕って、むしろ積極的に古墳造りに参画していたのではなかったか。

強大な権力を握った王が民を酷使していたのなら、三百年以上も巨大古墳が造られた意味が理解できない。

巨大な前方後円墳の周濠が、治水に役立っていた可能性もある。古墳が完成して周囲の民の生活が向上したかもしれない。

ここに、ヤマト政権の巧みな統治手法を見る思いがする。だから、発想を転換する必要がある。「前方後円墳は民が搾取された証」などという、イデオロギー的な戦後史学界を支配してきた推理では、古代史を解き明かすことはできなくなってきているのだ。少なくとも、ヤマト黎明期の王は、強権を獲得していたわけではないようなのだ。

そこで、ヤマトの統治システムを探るために、考古学の力を借りよう。ヤマト建国直前の弥生時代後期から、話を進めたい。

◉——弥生人＝稲作民ではない？

弥生時代後期の日本列島で最も栄えていたのは北部九州と中国地方で、大量の鉄器を保有していた。鉄器は武器である以前に利器として活用され、開墾を容易にし、農業の発展を促し人口増加と富をもたらした。そして、戦争も激しさを増し、強い王が求められたのだった。

これに対し、近畿地方から近江、東海、北陸の一帯は、鉄の過疎地となっていた。北部九州が意識的に鉄を東に回さなかったのではないかと疑われている。鉄器を手に入れて富み栄えた北部九州だったが、東側から攻められると守りにくい地形だった。これに対し奈良盆地は西側からの攻撃にすこぶる強く、北部九州は、ヤマトと周辺の発展を恐れ、鉄を流さなかったと考えられている。

一方、鉄器過疎地帯は「銅鐸《どうたく》文化圏」と重なっていて、ここにも大きな問題が隠されている。近畿地方から観て西側の地域は、銅矛《どうほこ》・銅剣文化圏で、青銅器の威信財は、有力者の墓に副葬された。しかし銅鐸文化圏では、銅鐸を副葬する風習は生まれなかった。その代わり、はじめカウベルほどの大きさだった銅鐸は巨大化し、一メートルを超える化け物銅鐸も現れた。銅鐸は集落のお宝で、有力者は独占できなかった。

なぜ、近畿地方から東側の地域に、このような文化圏が生まれたかというと、縄文的な習俗や文化が残っていたからだろう。

縄文人は渡来人に圧倒され、はじき飛ばされたという考えが一般的だった。しかし考古学は過去の常識を次々と覆していて、縄文文化がしぶとく残り続けたことを明らかにしている。

稲作も「押し寄せてきた渡来人がはじめた」のではなく、少数の渡来人がまずやってきて、これを先住の縄文人たちが受け入れたこと、稲作や稲作文化はかつて信じられていたよりもゆっくりと東に伝わっていったが、縄文文化の揺り戻しが何度も起きていたことが分かっている。また、きっちりとした稲作文化（弥生文化）は、朝鮮半島南部と北部九州に根付いただけで、それ以外の地では、古い信仰や文化が根強く残ったことも分かってきた。縄文人は狩猟採集を生業とし、縄張りを守り、集団で戦闘をすることはなく、強い王を求めなかった。銅鐸文化圏は、このような縄文的な香りを残した地域の人びとの集まる場所だったわけだ。

ここでもう少し、弥生時代について語っておきたい。

弥生時代と言えば、稲作文化が広まり、余剰生産によって富が蓄えられたと信じられてきた。貧富の差が生まれ、強い首長（王）を育てた……。しかし、この常識を、考古学者は疑うようになってきている。首長の墳墓が、稲作に適した土地に造られるとは限らないからだ。稲作を基盤とした社会だけが、首長を育てたわけではなかった。海岸線やラグーン（潟湖《せきこ》）に近い、船からもよく見える場所に、多くの墳墓が築かれた。これらの首長は海人《あま》を束ね、交易によって富を蓄えていた可能性が高い。さらに、吉野ヶ里遺跡（佐賀県神埼郡吉野ヶ里町と神埼市）の発見は衝撃的だったが、この環濠集落には、「農耕の痕跡」が乏しかった。水運の便が良く、倉庫が建ち並び、弥生時代の商都のイメージが強かったのだ。

彼らは日本中にネットワークを構築していた可能性も高く、この海人の要素からヤマト建国の謎を解く必要がありそうだ。

●――強い王を生まない風土

ところで、ヤマト建国と言えば、九州から強い王が東に向かい、征服したというイメージが強い。『日本書紀』はそう記録している。

先進の文物は朝鮮半島や中国から九州に伝わり、東に伝わったと信じられてきた。しかし、考古学の発掘調査が進むと、意外な事実が明らかになってきた。三世紀前半の人びとの動きは、「北部九州からヤマトへ」ではなく、まったく逆だったからだ。「西日本の東側（近畿地方）や近江、東海地方」の人たちの手でヤマト建国のきっかけが作られた。彼らはすでに触れた「銅鐸文化圏」を形成する人びとで「強い王を拒む者たち」だった。ヤマトに集結し、地形を巧みに利用し（西側からの攻撃に強い天然の要害だった）、富と権力を蓄えた地域（北部九州や中国地方）を出し抜いたのだ。ヤマト政権が長い間「豪族たちの合議」にこだわっていくのは建国時の理念でもあったからだろう。

そして、弥生時代の伝統的な各地の埋葬文化がヤマトに集められ、習合し、その上で神仙思想などを取り込み、新たな様式としての前方後円墳が完成した。これは、各地の首長の利益を維持するための共同体が成立したことを意味している。前方後円墳祭祀を中心にした統治システムが、前方後円墳体制だった。各地の首長の同意と協力のもとに、ヤマトは成立した。決して、強い王が各地の首長をねじ伏せたわけではない。『日本書紀』に描かれた「四道将軍《しどうしょうぐん》」も、絵空事にちがいない。

ヤマトの王（大王、のちの天皇）は祭司王の性格が強く、強大な権力はあたえられなかったと思われる。各地から集まった有力者が、政権運営を担ったのである（理由は徐々に）。

そうは言っても、巨大化した前期の古墳の副葬品を眺めれば、「やはり王や首長の蓄えた富は膨大」と思えるし、「権力者にほかなるまい」と思えてくる。しかし、ここにも、注意すべき点がある。たとえば、副葬品がそうだ。

中国鏡や仿製《ぼうせい》鏡（中国の鏡を真似て日本で造った鏡）、玉杖《ぎょくじょう》などの威信財の他にも、多くの副葬品があった。共同体を守り、戦い、権力を維持するための武具だけではなく、鉄鍬、鉄鎌などの生産財も含まれていたのである。

広瀬和雄は『前方後円墳の世界』（岩波新書）の中で、武具や生産財は、「共同体の再生産に必須な道具類」であり、首長の愛蔵品とは限らなかったと言い、次のように指摘している。


威信財・権力財・生産財を駆使して、〈死した首長にもうひと働きしてもらおうという共同の願望〉が読みとれます。


巨大な前方後円墳を造営したからといって、王や大王（天皇）に巨大な権力が集中していたわけではない。また、このような王のありかたが、弥生時代後期の銅鐸祭祀からも、継承されていると思われる。集落（ムラ）の首長は、ムラの民の利益を守るために、祭祀を執り行い、他地域との交流や調整を行っていたのだろう。

要するに銅鐸文化圏は「ゆるやかな合議制を尊ぶ地域」で、彼らが西側に対抗するために、ヤマトに集まり、ヤマト建国のきっかけを作ったのだった。

余談ながら、奈良盆地は関西にあるが、ここは「西側に突き出た東」だったと思う。縄文時代、すでに奈良盆地と東は陸路でつながり、交流があったし、弥生時代に入って稲作文化が西から迫ってきた時、奈良盆地の片隅で、土偶を使った呪術を執り行っていた。奈良盆地は、「縄文の最後の砦」だったようなのだ。

だから、東側の鉄器不足の地域の人びとはヤマトに集まってきたのだ。また、最初は北部九州と組んでいた吉備と出雲も、あわててヤマトに参集した。この時代の人の流れも、近畿地方や東海地方から西に向かっていたことは、すでに触れた。彼らは北部九州を圧倒してしまった。貧しく弱い銅鐸文化圏のひとびとが、「奈良盆地と北部九州の地政学」を利用して、ヤマトを建国したのである。

つまり、「独裁権力を生まない」という古代日本の統治スタイルは、すでに弥生時代に始まり、ヤマト建国後も続いていたと考えられる。

●隋の文帝が呆れた古代日本のマツリゴト

ヤマトの王の統治システムを知る手がかりは、『隋書《ずいしょ》』倭国伝《わこくでん》に載っている。隋の文帝の開皇二十年（六〇〇）のことだ。

倭王が使者を遣わしてきた。文帝は役人を通じて、倭国の風俗を尋ねた。すると倭の使者は、次のように答えた。

「倭王は天を以て兄となし、日を以て弟となす。天未だ明けざる時、出でて政《まつりごと》を聴き、跏趺《かふ》して坐《ざ》す。日出ずれば便《すなわ》ち理務を停《とど》め、我が弟に委《ゆだ》ねんと云う（倭王は天を兄、太陽を弟としています。兄は夜が明ける前に政殿でマツリゴトを執り行い、あぐらをかいて座っています。日が昇ると、政務を取りやめ、弟の太陽に任せるのです）」

すると文帝は、

「此《こ》れ太《はなは》だ義理無し（なんと馬鹿げたことを）」と言い、改めるように諭した……。

この記事、六世紀のヤマト政権の統治システムを端的に記録している。

隋の文帝は呆れたというが、ほんとうに野蛮で時代遅れの方法だったかというと、ここには、「古代日本人の知恵」が隠されていると思う。その証拠に、一見して野蛮に見えるこの「マツリゴト」は、律令制度が整ったのちも、継続していく。日本（列島）人の習慣や文化に根ざした「よくできたシステム」だったのである。

そこで、カラクリを明らかにしていこう。

倭国の使者が隋の皇帝に報告したヤマトの統治システムは、祭司王の役割を明確に示している。まず、登場する兄と弟は、男女の組み合わせと考えられている。女性には強い霊性があると、古代人は信じていた（現代ではその文化が沖縄に残っている）。王家も同様だった。大王の姉妹や身内の女性が国を代表する高貴な巫女《みこ》となり、神を祀った。観念上の神の妻になり、神からパワーを授かり、大王に放射して守ったのだった。これを民俗学では、「妹《いも》の力」と呼んでいる。

さらに、高貴な巫女はことあるたびに、神から託宣を引き出し、大王に告げ、それが政策に反映された。神の威信を笠に着て、民を納得させることができたのだ。そして、遣隋使が文帝に伝えた日本の統治システムがこれで、「なんと時代遅れな」「すぐに改めよ」と、話はつながっていったのだ。

実際、この数年後に、ヤマト政権はもう一度遣隋使を派遣し、有名な聖徳太子の「日出づる処《ところ》の天子、書を日没する処の天子に致す。つつがなきや云々《うんぬん》」という親書が渡された。隋の文帝とのやりとりがきっかけだったかどうかはわからないが、ヤマト政権が隋で整いつつあった律令制度を導入する足がかりを作りつつあったのだ。

ただし、ヤマト政権は、その後も「大王の親族の巫女がマツリゴトにかかわるシステム」を、完ぺきに捨てていない。七世紀後半に天武天皇は、独裁権力を握って律令整備に奔走したが、その一方で、娘の大来皇女《おおくのひめみこ》を斎王《さいおう》に任命し、伊勢の斎宮《さいくう》（三輪山麓の檜原《ひばら》神社の真東）に遣わしている。太陽神（天照大神《あまてらすおおみかみ》）を祀り、国の安寧を願った。

なぜ、新たな統治システムを導入する一方で、旧態依然とした神祀りを捨てなかったのだろう。「大王の神祀り」には、知られざるカラクリが用意されていたからだ。

●── 王の外戚になる意味

問題は、巫女が神から授かる託宣だ。神がかり（憑依《ひょうい》）して、トランス状態になった巫女が、口走る言葉のすべてが、神の言葉だった保障はどこにもない（もちろん、科学が進歩した時代に、「神が巫女に語りかける」という設定そのものに首をかしげる方も多いだろうが、そこは「信仰」なので、深く立ち入らない）。高貴な巫女が大王に授ける「神の妙策」は、巫女の母方の実家の意志や命令だった可能性が高い。ここに古代女性の地位の高さが示されている。

古代の日本の男性は、女性の家に出向き、逢瀬《おうせ》を重ねた。『竹取物語』の物語の中に、その様子がよくわかる場面がある。かぐや姫を育てた翁《おきな》が、夫にふさわしいと判断すると、「寝床」を用意して、男性を家の中に誘い込む。これがいわゆる「通い婚」で、女性の実家が主導権を握っていた。大王家の場合も同じで、男系の王とはいっても、生まれ育ったのは母親の親、「お爺ちゃん、おばあちゃん」に囲まれた環境で育てられた。その間、父親（大王、天皇）と接する時間はわずかだったことになる。

つまり、母親の家で育って成人して即位した大王の意識は、「父・大王の子」ではなく、「母親の実家とその一族の子」であり続けたわけだ。だから、高貴な巫女から託宣を受けとるというシステムは、「大王を育ててくれた家族の意志を尊重」していたのであり、これが、「王の外戚になる意味」でもあった。

また、「神の権威を借りて大王の命令の価値を高めていた」という図式は表面的な演出にほかならない。ヤマト政権は、「大王に権力が集中することを避け、多くの有力者による合議制」を選択したのであり、実際七世紀の蘇我氏でさえも、独裁的な力の行使をしていない。蘇我入鹿の父親の蘇我蝦夷《えみし》が皇太子を選ぶ際に、「独断では決められない。みなと相談しなくては」と語っていることからも、明らかだ（『日本書紀』）。どうやら日本列島人は、独裁権力の発生を嫌ってきたようなのだ。

地形も、「強い王が生まれない要因」となっていたと思う。

日本列島に広大な平野は存在しない。関東平野は広いが、古くは湿地帯がどこまでも広がっていた。その他の地域は、すぐ近くに山が迫り、隣の村に行くのに峠を越えなければならない場所も多い。それぞれの地域に異なる文化が生まれ、それをひとつに束ねるのは容易ではなかった。戦国時代の織田信長は木曽攻めをあきらめたことがあるが、理由は、森と谷と隘路《あいろ》を利用したゲリラ戦に誘い込まれる恐れがあったからだ。これは極端な例としても、中国のように、大軍が一気に大地と草原を駆け巡り、去ったあとにはぺんぺん草も生えないような状態にはなりにくかったのだ。

　中国では、文明が森を食い尽くしてしまったから、隠れる場所もない。地形を利用して大軍を阻むこともできない。強い王が生まれれば、一気に広大な地域を版図《はんと》に組みこむことができた。逆に、山や谷と森に包まれた日本列島は、なかなか全土に強権を発動できる王は生まれにくかったのである。

　さらに、弥生時代以降、日本列島は稲作文化に圧倒されてしまい、日本人と言えば「稲作民族」と信じられてきたが、弥生時代に富を蓄えたのは、交易をする海人の首長だった。やはり、起伏の激しい日本列島を往来するには、水運を利用する必要があり、すでに縄文時代から、人びとは大海原に果敢に飛び出し、また河川をさかのぼり、交易を行っていたのだ。

　最先端の技術と知識、情報を携えていたのは海人たちで、商人でもあった彼らは、日本列島を統一するような強い王権が生まれることを、避けようと考えていたはずだ。やはり多島海を利用した交易で栄え、日本と深くつながっていた朝鮮半島最南端も、小国家連合体（伽耶諸国）として生きのびる方針を貫いた。

『日本書紀』や『古事記』に従えば、初代の神武天皇の母と祖母は海神《わたつみ》の娘だから、ヤマトの王は純粋な「稲作の王」ではなかった。海人や商人（交易する民）にも支えられていた王家であり、要は「ネットワーク」につつまれていたから、各地の首長との連帯も、うまくいったのだろう。そして、海人や商人は、「利益を守ってくれる王」を選び、彼らも「強大な権力の発生を嫌った」のだろう。文物や威信財はヤマトに集められ、それを各地に再分配することによって、新しい連帯と秩序が生まれた。この流れに乗るには前方後円墳体制に組み込まれる必要があったのだ。

大悪天皇の登場

「強い首長を生みたくない」という銅鐸文化圏の執念と海人のネットワークが、ヤマトを生み出した。そして、王や巫女の母方の実家が実権を握り、王の外戚になった者が優位に立つという統治システムが、ヤマトの伝統になっていった。各地の首長がヤマトに集まった上での共同統治と考えるとわかりやすい。ヤマトの王は、決して専制的ではなかった。しかも、「母方の実家」が力を握る点に、大きな意味が隠されていた。そして、このシステムが「神頼み」に見えたために、隋の文帝はあきれ果てたわけである。しかし、ヤマトの統治システムは、日本の民俗や信仰、習俗から湧きあがって生まれた「智恵」であり、だからこそ、律令制度が整ったのちも、まったく消えずに残っていったのだ。

ただし、四世紀末ごろから、ヤマトは激動する東アジア情勢の波に飲み込まれていく。中国

倭の五王

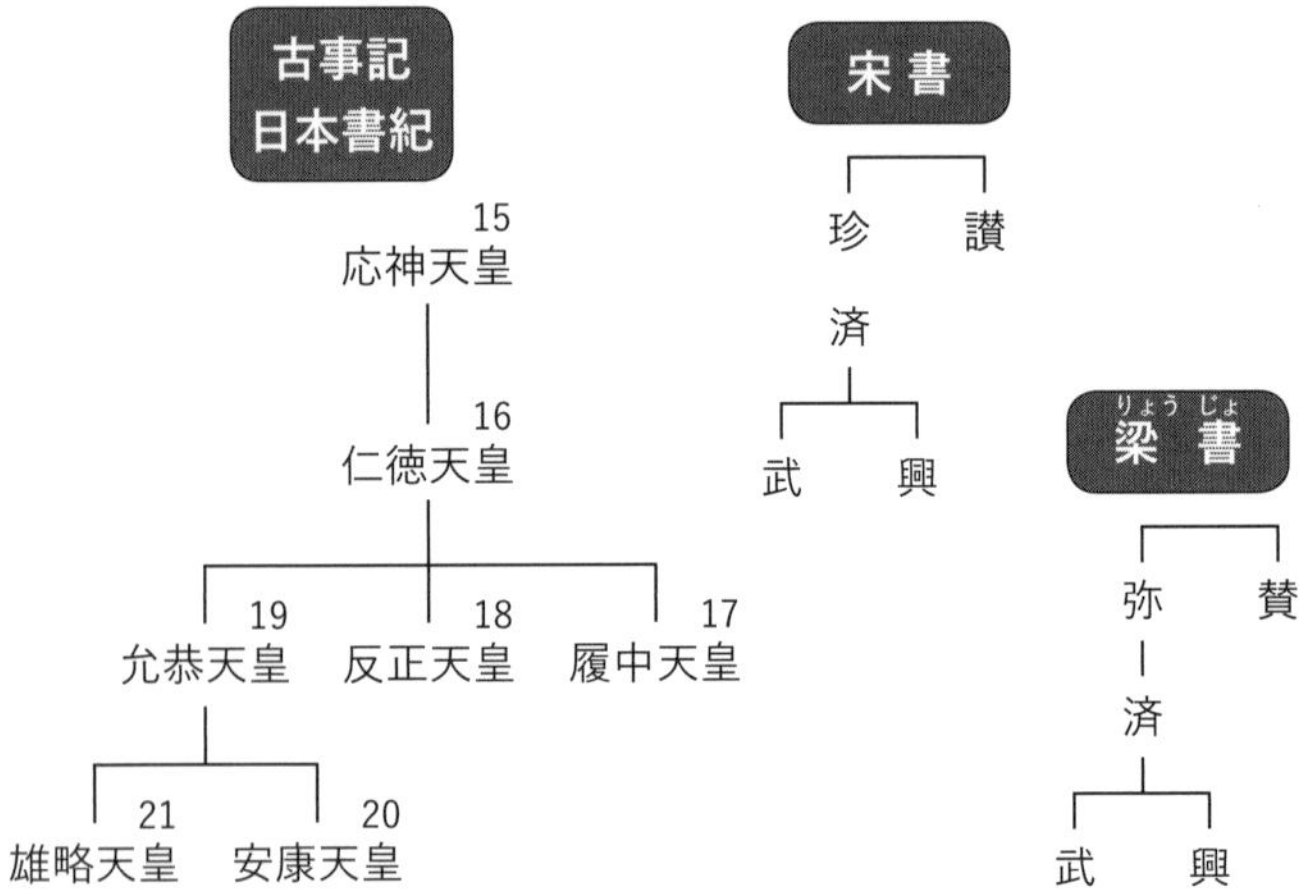

の力が弱まり、朝鮮半島北部の騎馬民族国家・高句麗《こうくり》が南下政策をとり、ヤマト政権も朝鮮半島に遠征軍を派遣するようになった。朝鮮半島南部の国々の要請もあり、また朝鮮半島最南端の伽耶《かや》の権益を守る必要があったからだ。その結果、次第に「統一された迅速な決断」が求められ、大王の性格も、変質しつつあった。『宋書《そうじょ》』倭国伝に記された、倭の五王の時代である。

『宋書』には倭国の五人の王の名があがり、それが讃《さん》・珍《ちん》・済《せい》・興《こう》・武《ぶ》で、『日本書紀』に登場する「仁徳《にんとく》（あるいは履中《りちゅう》か応神《おうじん》）、反正《はんぜい》（あるいは仁徳）、允恭《いんぎょう》、安康《あんこう》、雄略《ゆうりゃく》」に比定されている。

高祖（武帝）の永初二年（四二一）、倭国王・讃が宋に貢物を送り、官爵を授けられた（冊《さく》封《ほう》された）。宋は中国の南側に勢力圏を持ち、北側の北魏《ほくぎ》と対峙していた。だから倭国王の接近を喜んだのだ。ここから、五人の王が、宋から称号を獲得した。

五世紀後半に即位した第二十一代雄略《ゆうりゃく》天皇（武王）は、「倭国は辺遠の地にあって、宋の皇帝陛下の藩屏《はんぺい》となっております」と、へりくだる上表文を奉り、さらに、「倭国王は甲冑を着込み、各地を平定した」と報告した。この結果、「使持節《しじせつ》都督《ととく》倭《わ》新羅《しらぎ》任那《みまな》加羅《から》秦韓《しんかん》慕韓《ぼかん》六国《ろっこく》諸《しょ》軍事《ぐんじ》安東大将軍《あんとうだいしょうぐん》倭王《わおう》」に任命されている。厳《いか》めしい武人王のイメージが漂う。そして、この人物が時代の転換期を作ったのではないかとする考えは、井上光貞、岸俊男、佐伯有清らによって、唱えられていた。

雄略天皇は風雲児で、古代版織田信長のような存在だった。皇位継承の可能性は低かったが、クーデターを起こして玉座を獲得した。この時、強大な権力を握っていた円大臣《つぶらのおおみ》（葛城氏）を皇位継承候補の皇族もろとも滅亡に追い込み、恐れられた。さらに、雄略七年八月には、強大な力をもっていた吉備国の反乱を鎮圧している。そして、強い王になることをめざしたようだ。だから『日本書紀』は、雄略天皇の悪評を載せている。

雄略天皇は「自分は正しい」と信じておられたので、誤って人を殺してしまうことがたびたびあった。だから天下の人びとは誹《そし》って「大《はなは》だ悪《あ》しくまします天皇《すめらみこと》なり」と語った。雄略天皇の寵愛する者は、数人の渡来系の役人だけだった……。

ならば雄略天皇は、いったい何を目指していたのだろう。

●雄略天皇が進めた初期的国家運営機構

考古学的には、雄略天皇が登場するより早く、すでに四世紀後半から、地方で地殻変動が起きていたことが分かっている。しかも、三つののタイプが確認できる。

①首長墓系譜が突然途絶えてしまう地域
②墳形が変化してしまった地域
③いくつかの築造系列が統合されていく地域（首長系列がひとつにまとまる）

ほぼ同じ時期に、各地で「何かが起きていた」のならば、「地方の首長層の政治的再編、統廃合」に向けた仕掛け人がいたはずで、地方の大首長の下に群がっていた中小の首長たちを、ヤマト政権側が把握するようになったと考えられている。各地の首長間の紛争にヤマト政権が積極的に関与し、「親ヤマト派」に肩入れしていたのではないかとする説もある（熊谷公男『日本の歴史　03　大王から天皇へ』講談社）。

緊迫する東アジア情勢、高句麗南下の危機に対処するために、ヤマト政権が地方の首長に働きかけて、政治的な再編成を促した可能性は高い。そしてその延長線上に、雄略天皇が登場した。

ただし、雄略天皇以前の地殻変動を仕掛けたのがヤマト政権としても、それが「大王（天皇）の強権発動」だったかというと、じつに疑わしい。雄略天皇が真っ先に円大臣を潰しにいったことが、その証拠になろう。大王の取り巻き（豪族）たちが辣腕《らつわん》を振るっていたからだろう。

この時代の地方支配は、王による統治ではなく、豪族連合が中心となってヤマト政権（中央部）の強化を狙ったのだろう。

そこで雄略天皇は、「大王を強くしたい」と考え、クーデターを起こし、中央集権化を目論み、だからこそ従う者が少なかったということになる。

実際、雄略天皇の時代から、新しい制度が立ちあがっていったと考えられている。

たとえば、稲荷山古墳（埼玉県行田市）出土の国宝「金錯銘鉄剣《きんさくめいてつけん》」には、「獲加多支鹵《わかたける》大王《おおきみ》（雄略天皇）が斯鬼宮《しきのみや》で天下を治めていたとき」という銘文が残されている。江田船山古墳（熊本県玉名郡和水町）から出土した大刀の銘文には「治天下獲□□□鹵大王」とあり、やはり「雄略天皇が天下を治めていた」とある。この「治天下」が、それまでにない表現で、新たな大王像を描いている可能性が高まってきた。しかも、関東と九州に離れた地域の地方豪族が、ヤマト政権の官僚機構（武官と文官）に組みこまれていることも、これらの鉄剣銘によって明らかになった。

さらに、すでにこの時代、官僚たちが文字を情報伝達に用いていたことも分かって、国家運営機構が整っていたことを示している。

考古学的には、難波宮下層の掘立柱建物十六棟の倉庫群が、大きな意味を持っていた。雄略政権が税を集め、また、海外からもたらされた先進の文物を、この大規模な倉庫群に集積していた可能性が指摘されるようになった。初源的国家機構の整備だというのである。

●前方後円墳体制はなぜ終わったのか

前方後円墳にも変化があった。
巨大前方後円墳は、五世紀半ばから後半の大山《だいせん》古墳（仁徳天皇陵。大阪府堺市。墳丘長四八六メートル）からあと、規模が縮小していく。継体《けいたい》天皇陵と目されている六世紀前半の今城塚《いましろづか》古墳（大阪府高槻市）は、墳丘長が二〇〇メートルに達していない。そして、六世紀末から七世紀初頭にかけて、前方後円墳体制は、幕を下ろしたのだ。いったいこのとき、何が起きていたのだろう。

まず、前方後円墳体制が始まったヤマト建国を思い浮かべてみよう。この前後、鉄器や威信財の争奪戦、流通ルートの主導権争いが勃発していた。ヤマト建国は、「貴重な鉄や青銅器（鏡など）」を集め、それを再分配することで成り立っていたのだ。ところが、文物がネットワークに行きわたると、価値観が変わってきた。地方の首長（豪族）にすれば、のどから手が出るほど、鉄や威信財が欲しいわけではなくなってきた。鉄素材の国産化も、おそらく六世紀には成し遂げられ、逆にありがたみがなくなった。

前方後円墳の様式にも変化があった。外に向かってその威容を見せつける目的があったが、墓の外の周濠、葺石《ふきいし》、埴輪《はにわ》などの演出が徐々に消え、石室内が豪奢《ごうしゃ》になっていった。万民や海外の人を驚かす目的から、身内に対するメッセージの比重が大きくなったのだ。また、横穴式石室が盛行し、追葬も可能になった。ひとりの王の墓ではなく、王の一族（血縁集団）の墓に変化した。

松《まつ》木《き》武彦《たけひこ》は『日本の歴史一　旧石器・縄文・弥生・古墳時代　列島創世記』（小学館）の中で、次のようにまとめる。

古墳は、政治勢力の威信やそこに集うさまざまな人びとの立場や願いを演出するモニュメントから、一族の格と伝統と表わす「墓」へと、その社会的役割を大きく変えたのである。

そして、巨大な墳墓の消滅は、時間の問題だった。前方後円墳と埋葬文化を共有し、威信財や財を再分配する統治システムは、通用しなくなったし、朝鮮半島との交流が深まり、共通する文化に彩られていくなか、新たな統治システムが求められていったのだろう。朝鮮半島や東アジア情勢が流動化する中、多くの労働者を、軍事力に転換する必要もあったかもしれない。

また松木武彦は、五世紀後半以降、公に文字が使用されるようになって、威信財や前方後円墳などの物（目に見えるモニュメント）による演出ではなく、言葉を文字で伝え、残すことによって、威信の由来と支配の論理を伝えることができるようになった可能性を指摘している。意外な理由で、前方後円墳は消えて行ったわけだ。

◉日本海勢力と瀬戸内海勢力の葛藤

ここで整理しておきたいことはふたつある。まず第一に、前方後円墳体制と物部氏の盛衰がリンクしていたことだ。そして第二に、五世紀後半に雄略天皇が出現し、改革事業が押し進められたが、その直後から、政権内部の混乱が激化した可能性が高く、前方後円墳体制に亀裂が生まれていた疑いが強いことだ。事情を説明していこう。

まず、第一の問題だ。『日本書紀』によれば、初代神武天皇がヤマト入りする前に、すでに物部氏の祖のニギハヤヒ（饒速日《にぎはやひ》命）はヤマトに舞い下り、君臨していたとある。ニギハヤヒは積極的に神武を迎え入れ、擁立している。

そのニギハヤヒは吉備《きび》（岡山県と広島県東部）からやってきたと思われる。

根拠はある。物部氏の拠点となった大阪府八尾市周辺から、三世紀の吉備系の土器が出土していること、『先代旧事本紀《せんだいくじほんぎ》』には、物部氏らがヤマトの王家の祭祀の基礎を造り上げたと記されていることなどからだ。前方後円墳の原型はすでに吉備で完成していて、前方後円墳の墳丘上に据える特殊器台・壺も、吉備からもたらされたものだ。つまり、前方後円墳は各地の埋葬文化を寄せ集めて造られた墓としても、そのベースとなったのは、吉備の弥生墳丘墓であり、物部氏が古代最大の豪族に成長していくのも、彼らが前方後円墳体制を整え、支えていたからだろう。だから、物部氏の衰退（物部守屋の滅亡）と共に、前方後円墳が消えて行く理由が分かる。

第二に、雄略天皇の出現によって、中央集権国家への第一歩が踏み出されたが、反発する者も現れたようだ。このあと、雄略天皇の子の清寧《せいねい》天皇の代で、雄略天皇の王統は途絶え、さらに、第二十五代武烈《ぶれつ》天皇は酒池肉林をくり広げ、子がなかったために、越《こし》（北陸）から応神天皇五世の孫・男大迹王《おおどのおおきみ》を連れてきて担ぎ上げることになる。これが、継体天皇だ。

ヤマト政権内に王家の跡取りがいなくなったという『日本書紀』の話はにわかに信じがたい。そこで知りたいのは、越から王を連れてくる本当の理由である。

この時代、越は急速に発展し、先進の文物をどこよりも早く採り入れていた。おそらく、ヤマト政権は「中央集権化とその反動」による混乱で、後れをとったのだろう。そして、疲弊し、越の首長（王）を担ぎ上げねばならなくなったのだろう。

かつて、継体天皇の出現は、王朝交替と捉えられていた。直前の王（武烈天皇）が酒池肉林をくり広げていたという『日本書紀』の説話は、中国の易姓《えきせい》革命を暗示しているというのだ。その一方で、継体は即位と同時に前王朝の女性を正妃に立てていて、産まれ落ちた子（欽明《きんめい》天皇）が、王位を継承していくため、「婿入り」とみなす考えが増えつつある。

けれども筆者は、異なる考えをもつ。ヤマト建国直後に勃発した瀬戸内海と日本海の流通ルートの主導権争いで、日本海は敗れ、逼塞《ひっそく》した（拙著『神武天皇VS.卑弥呼』新潮新書）。しかし、五世紀後半にヤマトの瀬戸内海系政権は混乱し、かたや日本海勢力は勢いを取り戻した。だから、ヤマト側から、日本海勢力にすり寄っていき、継体擁立につながっていったと考える。

ただし、継体天皇は即位後十九年間、奈良盆地に入らず、淀川周辺をうろうろしていた。一筋縄には行かなかったのだろうか。ヤマトの旧勢力の抵抗が激しかったのではないかと考えられてきた。だが、そうではあるまい。

淀川流域は、水上交通のカナメで、多くの河川とつながっている。滋賀県の琵琶湖から下ってくる宇治川、三重県から木津川などだ。

琵琶湖の先には日本海があり、のちの時代の長岡京のあたり（乙訓《おとくに》、弟国）が、都にふさわしい土地だった。ヤマトの歴代政権がここに都を置かなかったのは、京都盆地（山背《やましろ》）の西側の高台が丹波国《たんばのくに》だったからだ。丹波は日本海勢力の土地で、瀬戸内海政権は、迂闊に山背に手を出せなかっただけだ。しかし、継体は日本海出身だから、大いばりで淀川流域に拠点を構えることができた。逆にヤマトの旧勢力（瀬戸内海勢力）は、継体をヤマトに引きずり込まなければ、日本海勢力の地政学的勝利を献上することになってしまう。だから、十九年間継体に圧力をかけ続け、継体が敗れ、折れて、ヤマト入りしたのが、本当のところだろう。

問題は、継体天皇の出現とほぼ同時に、蘇我氏が活躍をはじめることで、彼らは日本海勢力を代表する者であり、継体天皇とともにヤマトに乗り込んだ日本海勢力の一員であり、継体天皇の敗北のあと巻き返しを図ったと思われる（拙著『「大乱の都」京都争奪　古代史謎解き紀行』新潮文庫）。

ちなみに、継体天皇は近江に生まれた。父が亡くなると母方の故郷の越で育てられた。その母方の周辺には、多くの蘇我系の人脈が隠されていた。

その蘇我氏は、前方後円墳体制に引導を渡している。仏教を積極的に受け入れ、排仏派の物部氏と対立し、用明二年（五八七）七月、蘇我馬子が朝廷の主だった人びとを率いて、物部守屋を滅ぼしてしまった（『日本書紀』）。また、物部守屋の滅亡ののち、仏教は本格的に導入され、さらに、仏教寺院の出現とともに、前方後円墳は、姿を消していく。そして、ヤマト政権は隋や唐で生まれた律令制度を学び、法治国家への歩みをはじめる。律（刑法）と令（行政法）は、大宝元年（七〇一）の大宝律令の発布によって完成する。

こうして、「大化改新以前」のヤマト政権の統治システムが理解できたところで、改めて、大化改新とはどのような事件だったのか、その真相に迫っていこうと思う。

第二章　大化改新を探る

第2章

ひと目でわかる！

謎解きのポイント

あの〝二人〟の嫉妬により古代史上最大の英雄暗殺クーデターが勃発か？

いろいろな改革事業は推古天皇時代から継続して進行中

主役は蘇我氏

陰謀と策略

- 悪評をばらまく
- 悪役に仕立てる
- 追い落としを謀る

つまりこういうこと!

『日本書紀』が語る

フィクションのメイクドラマ

「大化改新」の巻

→ 古代史上の二・二六事件だった!

改新の詔《みことのり》の要旨	主旨は同じ	二・二六事件の蹶《けつ》起《き》の趣意
●豪族連合国家の仕組みの改造 ●土地・人民の私有の廃止 ●天皇中心の中央集権国家の設立		●君側の奸《かん》の排除 ●国家改造 ●天皇親政

首謀者の青年将校（中大兄皇子・中臣鎌足）が天下を牛耳る結果になった!

皇極天皇の優柔不断さ

昭和天皇の勇猛果敢さ

この差が歴史を分けたのか?

◉——日本の律令は天皇に権力を与えなかった？

大化改新の真相を探るために、ヤマト建国から始まった古墳時代の意味を考古学を中心にして探ってみた。

なぜ、ヤマトの統治システムを見つめ直したのかといえば、これまでの大化改新をめぐる推理が、文献学に偏りすぎていたためだ。せっかく物証が整いつつあるのに、文献だけで大化改新を語る必要など、どこにもない。考古学を無視しては、ヤマト建国や古墳時代も理解できないはずなのだ。古墳時代が分からなければ、大化改新によって何が変わったのかも分からない。また、長い古墳時代が終わり、大化改新によって統治システムは大きく刷新されたとかつては考えられてきたが、弥生時代や古墳時代の考古学が明らかになってくると、それほど問題は単純ではないことも分かってきた。

たとえば、前方後円墳時代の統治システムの根幹に、「王と巫女」が横たわっていたが、律令制度が整ったのちも、似たシステムは残った。実力者が天皇の外戚になることによって実権を獲得していたし、伊勢斎宮に天皇の親族の女性が奉仕し、神を祀り続け、国の安寧を祈った。

蘇我氏は仏教導入を積極的に推し進めたが、だからといって「神道」を潰したわけではなかった。また、仏教公伝《ぶっきょうこうでん》（五三八あるいは五五二）に際し、蘇我氏は女性を出家させている。これは日本の神祀りの文化そのもので、一般的な仏教とは異なる。

さらに付け加えるならば、律令制度も日本的なものにすり替えられている。中国では強大な権力を持つ皇帝のための法制度が律令で、大化改新も中央集権化のための運動だったが、日本の場合、天皇に実権は渡されていない。原則的に天皇は、太政官《だいじょうかん》（貴族による合議機関）の奏上した案件を追認する役目を担った。天皇の命令は絶対守らなければならないが、その命令は天皇の意志ではなかったのである（もっとも藤原氏は、太政官を無視した天皇の「ツルの一声」をいざという時のために温存しておいたのだが）。

律令制度は、確かに中国の王朝の法体系を真似たが、一番大切な「王の位置づけ」という点に関して、妥協せず、日本的な習俗、文化が守られたことになる。

中国から律令を学びつつも、すべてを模倣したわけではない。たとえば、採り入れなかった制度の中に、「科挙《かきょ》」「宦官《かんがん》」がある。

隋の文帝は、世襲的で実力を備えた土豪や貴族の力を削ぐために、官吏（官僚）登用を試験によって選ぶ制度を立ち上げた。この制度によって、中国の皇帝は、強い権力を握ることに成功したのだ。そして、科挙は中国歴代王朝に採り入れられ、二〇世紀の初めまで続けられた。

また中国皇帝は、近侍する官僚を去勢し、一種独特な側近政治を展開した。これを宦官と呼ぶ。実力をそなえた官僚が血縁によってネットワーク（閨閥《けいばつ》）を構築することを恐れたのだ。一万人以上の官僚が去勢され、明代末には、二〇万人を超えたらしい（ヤマト政権が、思いとどまってくれて良かった）。

　これに対し日本の律令制度では、氏姓制度の影響が強く残ってしまった。建て前では「優秀な人材を登用する」ことになっていて、聖徳太子の時代、それまでには考えられなかった人びとが重用されたが、いつの間にか、有名無実化してしまった。

　日本が科挙と宦官を採り入れず、貴族の世襲制が温存されたのはなぜだろう。いろいろ理由はあっただろう。中国の皇帝のような権力を、天皇は有していない。これが、ひとつの理由だろう。そしてもうひとつの大きな理由は、律令編纂《へんさん》の中心に藤原不比等《ふひと》が立っていたことだ。藤原不比等の野望は「藤原氏だけが栄える世の中の構築」だったから、「優秀ならだれでも出世できる」というシステムは、悪夢以外の何ものでもなかっただろう。

　そこで大化改新の真相を確かめるのだが、まず確認しておきたいのは、大化改新によって一気に改革が進んだとする『日本書紀』の記事は信頼できないという考えが常識になりつつあることだ。改革は徐々に進みつつあったが、この時点で突然改革が完成したわけではなかったのだ。そして問題は、なぜ『日本書紀』が大化改新を過大評価する必要があったのか、ということなのだ。そこでしばらく大化改新をめぐる研究の歴史をふり返っておきたいのである。

そもそも大化改新とは、どのような事件だったのだろう、いきさつを『日本書紀』から追ってみよう。

●―― 大化改新に至る経過

大化改新は西暦六四五年に起きていたと、昔の教科書には記されていた。年号を覚える語呂合わせに「ム（六）シ（四）コ（五）ロセ大化改新」と受験生は覚えたものだ（蘇我氏があまりにかわいそうだ）。で、今では、蘇我本宗家滅亡の「乙巳《いっし》の変（六四五）」の翌年に、改新《かいしん》之《の》詔《みことのり》が発せられ、ここで「大化改新」が断行されたと考えられるようになった。クーデターと行政改革を、正確にわけたのだ。

とは言っても、やはり蘇我本宗家滅亡事件と大化改新は、強い因果でつながっている。『日本書紀』は、王家を蔑《ないがし》ろにした蘇我本宗家の悪逆ぶりをしっかり記録し、大化改新によって王を中心とする新たな体制が立ちあがったと強調する。

蘇我入鹿が殺されるとき、蘇我入鹿は目の前の皇極《こうぎょく》女帝に無実を訴え、狼狽した皇極天皇は蘇我入鹿に斬りかかった息子の中大兄皇子《なかのおおえのおうじ》に、

「私は聞いていません。これは、何ごとですか」

と、問いただした。すると中大兄皇子は、

「蘇我入鹿は王家をことごとく滅ぼして、皇位を傾けようとしています。どうして天孫を蘇我入鹿に代えられましょうか」

これを聞いて、皇極天皇は、その場を去る。蘇我入鹿はこうして殺された。

この中大兄皇子の言葉は、『日本書紀』編者の主張でもある。そして、近世や近代に至り大化改新が注目されるようになると、「蘇我氏は大悪人」と、誰もが信じるようになっていったのである。

ならば、蘇我入鹿ら蘇我本宗家は、どのような悪事を働いてきたのだろう。乙巳の変、大化改新にいたる歴史をおさらいしておこう。蘇我入鹿は大悪人だったという主張の根拠を、『日本書紀』から拾っていこう。

『日本書紀』は蘇我入鹿の祖父・蘇我馬子を悪し様に描いていない。崇仏派として、聖徳太子ら朝廷の主だった皇族と共に、物部守屋を滅ぼしたと記録する。ところが、蘇我馬子の子・蘇我蝦夷の時代になると、蘇我本宗家は専横をくり広げたと記録する。特に目立つのが、乙巳の変の直前の、皇極朝に入ってからあとだ。

『日本書紀』皇極元年（六四二）是歳《このとし》の条に、次の有名な記事が載る。

大化改新年表

皇極天皇	643年	上宮王家事件。蘇我入鹿が山背大兄王を攻め滅ぼす
	644年	蘇我蝦夷、甘樫丘に防備万全の大邸宅を構築する
	645年6月	乙巳の変が勃発。中大兄皇子と中臣鎌足が蘇我入鹿を討ち、蘇我蝦夷も自殺する
孝徳天皇	同年	皇極天皇が退位し、孝徳天皇が即位する
	8月	男女の法を制定し、戸籍を作成する
	9月	古人大兄皇子を討つ
	12月	難波長柄豊碕宮へ遷都
	646年1月1日	改新之詔を発令
	3月	埋葬令の発布
	649年	右大臣、蘇我倉山田石川麻呂が自害
斉明天皇	655年	孝徳天皇が薨去し、斉明天皇が即位する
	658年	有間皇子が謀反
	661年	百済遠征途上に斉明天皇が筑紫で崩御する

蘇我蝦夷は祖廟《そびょう》（先祖を祀る御霊屋、霊廟）を葛城の高宮《たかみや》（奈良県御所市森脇）に建て、八《や》佾《つら》の舞（横八列×縦八列、計六四名による方形群舞。中国では、皇帝のみに許された）を行い、次の歌を作った。

大和《やまと》の　忍《おし》の広瀬《ひろせ》を　渡《わた》らむと　足結《あよひ》手作《たづく》り　腰作《こしづく》らふも

ここに登場する「忍の広瀬」は、奈良県葛城市の葛城川の広い瀬で、ここを渡るために、足元の紐を縛り、腰帯をしめて大刀《たち》を佩《は》いたといっている。この歌は、蘇我本宗家がいよいよ天下掌握に乗りだしたことを暗示していると考えられている。八佾の舞をしたこと自体が、すでに越権行為なのだ。

『日本書紀』の記事はさらにつづく。国中から、百八十の部曲《かきべ》（豪族の私有民）を徴発し、双《ならび》墓《のはか》（二基並んだ墓）を今来《いまき》（吉野郡大淀町今木）に造り、ひとつは大陵《おおみささぎ》といい蘇我蝦夷の墓にし、ひとつは小陵《おみささぎ》といい、蘇我入鹿の墓にした。死後、人に迷惑をかけないためだ。この時、上宮《じょうぐう》王家（聖徳太子の子や孫たち）の乳部《みぶ》の民《たみ》（一族の養育に従事する民）を集め、墓造りに従事させた。これが、蘇我本宗家の専横と嚙みつかれた。聖徳太子の娘の上宮大郎姫王《うえのみやのいらつめのひめみこ》は激怒し、次のように述べている。

「蘇我臣は国政をほしいままにして礼を失している。天に太陽はふたつなく、国に王は二人いない。なぜ勝手に、われわれの民を使役するのか」

　これで蘇我氏は恨みを買い、ついに蝦夷と入鹿は共に滅ぼされることになったのだ、と書いて、『日本書紀』は「是歳条《このとしのじょう》」の記事を終えている。

『日本書紀』皇極二年（六四三）冬十月六日条に、興味深い記事がある。蘇我蝦夷は病と称して、朝廷に出仕しなかった。密かに紫冠《しかん》（大臣の冠位）を勝手に子の蘇我入鹿に授けてしまった。また入鹿の弟を物部大臣と呼んだ。大臣の祖母は物部弓削連《もののべのゆげのむらじ》（物部守屋）の妹で、母方の物部氏の財力によって、世に威勢を示した、というのである。

　同月十二日、蘇我入鹿は、ひとりで策をめぐらし、上宮の王たちを廃し、古人大兄皇子《ふるひとのおおえのみこ》（蘇我系皇族）を擁立しようと考えた。時に童謡《わざうた》があった。

岩《いは》の上《へ》に　小猿《こさる》米焼《こめや》く　米《こめ》だにも　食《た》げて通《とほ》らせ　山羊《かましし》の小父《をじ》

　意味は、「岩の上で小猿が米を焼いている。せめてこの米だけでも食べて行きなさいな、山羊の小父さん」となるが、『日本書紀』に分注があって、「蘇我入鹿が深く上宮王家の威名（勢いのある名声）が天下に行きわたっていることを憎み、分限を超えてひとりで驕《おご》り立つことを画策した」ことを意味しているというのである。

そしてこの直後に、上宮王家滅亡事件が勃発したと『日本書紀』は言う。

●千数百年続いた暗黒裁判

この時代、朝鮮半島三国（高句麗《こうくり》・百済《くだら》・新羅《しらぎ》）も、国制の整備が進んでいった。もっとも進んでいたのは高句麗で、すでに三世紀に、脅威だった後漢《ごかん》の衰退に連動し、十等に分かれる政治的身分制度、国家的機構ができあがっていた。

新羅では六世紀初頭に、飛躍的な制度設計が行われていた。十七等の官位制が成立したのだ。衣冠《いかん》を用いた身分秩序体系（衣冠制）も誕生し、州・郡制、さらに法制度や軍事に関しても、改革が進んだ。

百済では、六世紀前半に十六等の衣冠制が出現し、地方を軍事的性格を帯びた官僚が統治した。

これら東アジアの潮流から取り残されないためにも、中央集権国家の育成が急がれた。そんなおりに勃発したのが、乙巳の変と大化改新だった。ここから、統治システムは刷新されていったと『日本書紀』は言う。当然、古代史最大のエポックとなったわけである。

ただし、大化改新には、いくつもの謎が隠されていて、それが明確に解けたわけではない。日本史を見渡しても、最大級の「国のありようが変わる事件」だったにもかかわらず、その真相は明らかにされていない。だから、この問題を放置して置くわけにはいかないのである。

　これまで大化改新と言えば、王家を蔑ろにした大悪人・蘇我入鹿を滅ぼして、王家を復興し、改革を進めた大事件として称賛されてきた。正義は勝ったのだ……。

　しかし、『日本書紀』は勝者側の一方的な言い分であり、敗れた者たちの弁明は許されていない。権力者の作り上げた勧善懲悪の物語を、そう簡単に信じてしまって良いのだろうか。

　歴史をふり返り検証する意味は、消し去られた敗者の声を聞き、中立公正で客観的な歴史を再現することにあるのではなかろうか。だから、これまでの「『日本書紀』を疑うこともなかった通説」に疑念を抱かざるをえない。権力者の言い分を鵜呑みにしてきたのは、怠慢以外の何ものでもない。

　歴史の敗者に弁明は許されない。千数百年の間、われわれは『日本書紀』の記事だけを頼りに、暗黒裁判を続けてきたのである。

　もちろん、史学者たちの中には「大化改新のここがおかしい」という指摘を提出する者も現れた。しかし、『日本書紀』の示した乙巳の変から大化改新に続くおおまかな歴史の流れは、否定されることもなく、「正義の戦い」として、学校でも教えられてきたわけである。

◉―上宮王家滅亡事件のいきさつ

そこで、乙巳の変にいたるつづきの話を、『日本書紀』の記事から追ってみよう。
乙巳の変と大化改新のきっかけは、上宮王家滅亡事件に求められる。

皇極二年（六四三）十一月一日、蘇我入鹿は巨勢徳太《こせのとくた》（徳陀）と土師娑婆《はしのさば》らを斑鳩《いかるが》（奈良県生駒郡斑鳩町）に遣わし、山背大兄王の一族を襲わせると、奴《やっこ》（下男）の三成《みなり》と数十人の舎人《とねり》（下級役人）が出て防戦した。土師娑婆が矢に当たって死に、軍勢はやむなく退却した。軍の中の人は「ひとり当千とは、三成のことをいうのだ」と語り合った。その隙に山背大兄王は馬の骨を寝室に投げ置き、一族を率いて胆駒山《いこまやま》（生駒山）に逃れ、三輪文屋《みわふみや》らが従った。巨勢徳太は斑鳩宮を焼き、灰の中に骨を見つけて、王は亡くなったと思いこみ、囲いを解いて退いた。

こうして山背大兄王は四五日の間、山に留まり、飲食も我慢された。三輪文屋は、次のように進言した。

「願わくは、深草屯倉《ふかくさのみやけ》（山城国紀伊郡深草郷）に移り、さらに馬に乗って東国にいたり、乳部《みぶ》

（皇子や皇女の経済的基盤となる人びとと土地）を本拠にして軍団を率いてもどっていただきたい。そうすれば、勝利はまちがいありません」

　すると山背大兄王は、次のように答えた。

「お前が言うようにすれば、勝てるだろう。しかし私が願うのは、十年百姓《おおみたから》を使わないことだ。私のために、民を煩わせたくない。また、後の世に、民が私のせいで父母を亡くしたと言われたくない。なぜ、闘いに勝った時にだけ丈夫《ますらお》と言うのだろう。身を捨てて国を固めれば、また丈夫ではないだろうか」

　そうこうしているうちに、山中の山背大兄王の一行の姿が目撃され、蘇我入鹿に伝えられた。恐れた入鹿は急いで軍勢を起こして、山背大兄王の所在を高向国押《たかむくのくにおし》に教え、

「すみやかに山に向かい、山背大兄王を捕らえてくるように」

と告げた。すると高向国押は、

「私は天皇の宮を護っていますので、外に出られません」

と答えたため、蘇我入鹿自身が向かおうとした。すると古人大兄皇子（蘇我系皇族）が息を切らして駆けつけ、「どこへゆく」と尋ねた。蘇我入鹿が事情を説明すると古人大兄皇子は、

「ネズミは穴に伏して生きるが、穴を失うと死ぬ」

と諭《さと》した。そこで入鹿は将軍らを胆駒に遣わした。しかし、みつからなかった。

山背大兄王は山から出て斑鳩寺（創建法隆寺）に入ると、軍勢が寺を囲んだ。山背大兄王は三輪文屋をして、軍勢に語らせた。

「私が兵を起こして蘇我入鹿を討てば、勝つことは確かだ。しかし、一身の都合で百姓を傷つけることはできない。だから、この体、入鹿に賜る」

そうしてついに、山背大兄王の一族と妃《きさき》たちはみな、首を自分でくって亡くなられた。この時、五色の幡蓋《はたきぬがさ》が伎《ぎ》楽《がく》とともに空に照り輝き、寺に垂れた。人びとはこれを仰ぎみて称え、嘆いた。そして蘇我入鹿に指し示したが、たちまち黒雲になってしまって、蘇我入鹿は観ることができなかった。

蘇我蝦夷は山背大兄王の一族が入鹿に滅ぼされたと聞き、怒り罵り、

「ああ、入鹿はとても愚かで、悪事を働いた。お前の命も、長くはあるまい」

と、語った。

時の人は、事件直前の童謡の意味を次のように解いた。「岩の上に」は上宮をたとえ、「小猿」は林臣《はやしのおみ》（蘇我入鹿）のことだ。「米焼く」は、上宮を焼く（斑鳩宮を焼いた）ことで、「山羊の小父」は、山背大兄王の髪の毛がまだらで乱れていて山羊に似ている様を言っていて、山背大兄王が斑鳩宮を棄てて深山（胆駒山）に隠れる兆しを言っていた……。

これが、『日本書紀』に記された、上宮王家滅亡事件だ。蘇我入鹿暗殺の最大の大義名分になった。

山背大兄王は、一族とともに戦わない道を選んだが、これを礼讃する史学者は多い。潔く、凡人には真似できないという。「自分ひとりのために人びとに迷惑をかけたくない」という山背大兄王の言葉は戦後の平和主義とも合致した。

また梅原猛は、法隆寺宝蔵館の玉虫厨子《たまむしのずし》の捨身飼虎図《しゃしんしこず》は、山背大兄王の姿を活写していると推理した。飢えている虎の親子に、薩埵王子《さったおうじ》（釈迦の前世の姿）は、自らの体を捧げて、救ったという話だ（『隠された十字架』新潮文庫）。さらに、山背大兄王の行動は、「仏教的平和主義の原理」で、純粋だが青臭い平和主義と指摘している（『聖徳太子　4』集英社文庫）。

●中臣鎌足登場

この蘇我入鹿の専横に危機感を抱いた男がいる。それが中臣鎌足だ。『日本書紀』から記事を追っていこう。

皇極三年（六四四）春《はる》正月条に、中臣鎌足は中臣鎌子連《なかとみのかまこのむらじ》の名で登場する（中臣鎌足の初見。以下、中臣鎌足で統一）。神祇伯《じんぎはく》に任命したという記事だ。しかし、中臣鎌足は再三固辞して、最後には病と称して三島（大阪府三島郡のあたり）に退いてしまったという。

とは言っても、中臣鎌足は政治を動かすことに積極的だった。

ちょうどこの時、軽皇子《かるのみこ》（のちの孝徳《こうとく》天皇）は脚の病で参朝なさらなかった。中臣鎌足はかねてより、軽皇子と親交があったため、宮に参上し、そばに侍った。軽皇子は中臣鎌足の意気の高さ、人となりのすばらしさを知り、寵妃《ちょうひ》の阿倍氏を授けた。

中臣鎌足は待遇に感動し、舎人に、

「このような待遇を受けるとは、以前からの望みを過ぎている。皇子の王となり君臨することを、誰がはばむことができましょう」

と語り、舎人はこの言葉を軽皇子に伝えると、皇子は大いに喜んだ。

中臣鎌足は心の正しい人で、世の乱れをただし、救いたいという願いがあった。そのため、蘇我入鹿が秩序を破り国家を我が物にする野望を抱いていることを憤った。そこで王族の人びとと交わり、試し、事を成す人物を求めた。

ただし、中臣鎌足の本命は、軽皇子ではなく、中大兄皇子にあった。なかなか近づくことができず、思いを伝えることもできなかった。

たまたま法興寺《ほうこうじ》（飛鳥寺）の槻《つき》の木の下で打毬《うちまり》（蹴鞠《けまり》）でようやく知り合うことができた。

中大兄皇子の履いていた沓《くつ》が脱げ、それを中臣鎌足が捧げ持ち、中大兄皇子も跪《うなず》いて答えた。

こののち二人は意気投合し、入鹿暗殺の計画を練っていく。怪しまれないように、南淵《みなぶち》先生のもとに通う道すがら、肩を並べて相談した。

中臣鎌足は中大兄皇子に、次のように持ちかけた。

「大事を謀るには、助けがあった方がよいです。蘇我倉山田石川麻呂《そがのくらやまだいしかわのまろ》（蘇我入鹿の従兄弟）の長女を召し入れてキサキとして、婚姻関係を結んでいただきたい。そののちに計画を伝え共にことを計りましょう」

中大兄皇子は大いに喜び、中臣鎌足の計略に従った。中臣鎌足が段取りをつけ、蘇我倉山田石川麻呂の長女と結ばれるというその日、この女人は略奪されてしまう。蘇我倉山田石川麻呂は困り果ててしまったが、妹のひとり（おそらく遠智娘《おちのいらつめ》であろう）が身代わりになりましょうと申し出たことで、一件落着した。

暗殺計画

こののちも蘇我本宗家の専横は続いたようだ。

皇極三年（六四四）冬十一月、蘇我蝦夷と子の入鹿は、甘檮岡《あまかしのおか》（飛鳥の甘樫丘）に家を並べ建てた。蝦夷の家を上《うえ》の宮門《みかど》と呼び、入鹿の家を谷《はざま》の宮門といった。子供たちは「王子《みこ》といった。家の外に城柵を設け、門の脇に武器庫を造った。門ごとに水をためる桶を置いて火災に備えた。つねに武器を携えた武人で館を守らせた。

蝦夷は側近に命じて大丹穂山《おおにほのやま》（奈良県高取町）に桙削寺《ほこげでら》を造らせた。さらに、畝傍山《うねびやま》（奈良県橿原市。大和三山のひとつ）の東に家を建て、池を掘って城（砦）にして、倉庫を造り矢を積み上げた。つねに五十人の兵士を引き連れ護衛させて出入りした。強力の人を名付けて東《あず》方儐従者《まのしとべ》と言った。館（宮門）に入って仕える人たちを呼んで、祖子孺者《おやのこわらわ》といった。東漢《やまとのあや》氏はふたつの館に仕えた……。

蘇我氏絶頂期の様子が、ここに描かれている。そして、「何か」に怯えているかのような行動が示されている。

皇極四年（六四五）春正月条に、奇妙な記事が載る。

丘の峰や川辺、あるいは宮や寺院の間からはるか彼方に見えるものがあり、サルのうめき声が聞こえた。十四、二十四ほどいただろうか。そこに近づくと、何も見えず、ただうそぶく声が聞こえたが、姿や様子は分からなかった……。

この後、分注が続く。「古い本には、この年に都を難波に遷し、板蓋宮が廃墟になることの前兆だったとある」というのだ。そして本文が続き、「時の人は、これは伊勢大神の使いだと、述べた」とある。この一節、後々大きな意味を持ってくる。

さて、この年の六月八日、中大兄皇子は密かに蘇我倉山田石川麻呂に、「三韓（朝鮮半島の三国・高句麗・百済・新羅）が調《みつぎ》を進上する日に、必ずあなたに上表文を読みあげてもらう」といい、蘇我入鹿を斬る計画を話した。

そして、決行予定の十二日を迎える。大極殿《だいごくでん》には皇極天皇と古人大兄皇子が控えていた。そこに蘇我入鹿が登場する。

中臣鎌足は入鹿の警戒心が強く、つねに剣を携えていることを知っていたので、俳優に知恵を授けて、おどけさせて、剣を奪い取った。そして、ここで、打ち合わせどおり、蘇我倉山田石川麻呂が三韓の表を読み上げる。建物の十二の門すべてを閉めた中大兄皇子は、衛門府《えもんぶ》を一か所に集め、賞禄を与える振りをした。そうしておいて中大兄皇子は、槍を持ち、身を隠した。中臣鎌足は弓矢をもって援護する。刺客たちに、「油断せず、不意を突いて斬りかかれ」と語った。刺客のひとりは、水で飯を流し込んだが、あまりの緊張に嘔吐《おうと》してしまう。中臣鎌足はこれを大声で励ました。

●蘇我本宗家滅亡

すでに上表文はほとんど読み終わろうとしているのに、事のはじまらないことに動転した蘇我倉山田石川麻呂はわなわなと声が震え出す。怪しんだ入鹿が、「どうして震えている」と問いただすと、倉山田石川麻呂は、「天皇のそば近くに侍って、恐れ多いのです」と答えるのがやっとだった。

入鹿の威に圧倒されて身動きができなくなってしまった刺客たちの姿を見て、中大兄皇子は

「やあ」と気合いを入れ、刺客と共に電光石火のごとく、入鹿に斬りかかった。

頭から肩にかけて血に染まった入鹿は、驚いて立ち上がる。刺客のひとりが足元にもう一撃喰らわすと、入鹿ははいつくばるように皇極天皇ににじりより、

「まさに、皇位にいるべきは天子です。私になんの罪があるというのでしょう。お教えください」

と訴えた。

皇極天皇はとても驚き、自分はなにも知らないといい、中大兄皇子に事態の説明を求めた。すると中大兄皇子は、

「鞍作《くらつくり》（蘇我入鹿）は、王族を滅ぼして、天位を奪おうとしているのです。鞍作に王位を奪い取られてなるものでしょうか」

こう叫ぶと、皇極天皇は、言葉を失い、現場を立ち去っていったのである。こうして、入鹿は殺され、その屍《しかばね》にむしろがかぶされ、雨ざらしにされたという。

古人大兄皇子（蘇我氏に推されていた）は自分の宮に舞い戻り、
「韓人《からひと》が入鹿を殺した。胸が張り裂けそうだ」
と叫び、門を固く閉ざしたまま出てこなかった。

クーデターに成功した中大兄皇子は法興寺（飛鳥寺）に拠点を移し、目と鼻の先の甘樫丘の蘇我蝦夷と対峙した。親蘇我派の豪族東漢氏は兵をかき集め巻き返しを計ろうとするが、「入鹿の道連れになって殺されてしまうのは犬死にぞ」という説得があって、みな、散りじりに逃げてしまった。

こうして孤立した蘇我蝦夷は、ついに滅亡したのだ。

これが、『日本書紀』に記された乙巳の変のいきさつだ。そしてこの年、皇極天皇は弟に譲位し、孝徳天皇が即位し、元号が生まれた。それが「大化」だった。

大化二年（六四六）、改新之詔が発せられ、改革事業は一気にすすんだと『日本書紀』は言う。

これが、いわゆる大化改新である。

●大化改新とはどのような事件なのか

大化改新とは、いったいどのような歴史的事件だったのだろう。そこで、『日本書紀』に記された改新之詔を要約しておこう。大化改新と言われる行政改革は、この詔に集約されているといっても過言ではない。

乙巳の変の翌年の大化二年（六四六）の元旦、「改新《かいしん》之《の》詔《みことのり》」が発布された。四カ条からなる詔の内容はほぼ次のようなものであった。

①子代《こしろ》・屯倉《みやけ》、臣《おみ》・連《むらじ》・伴造《とものみやつこ》・国造《くにのみやつこ》・村首《むらのおびと》の所有する部曲《かきべ》の民と豪族の田地を廃止し、大《まえつ》夫《きみ》以上のものに食封《じきふ》（朝廷側から豪族に支給される一種の給料）を、それ以下の者にも禄（布《ふ》帛《はく》）を与える。

②京師《みやこ》の制度（都と地方支配の制度）を定める。国司《こくし》・郡司《ぐんじ》・防人《さきもり》・駅馬《えきば》・伝馬《てんま》をおき、国境を確定する。

③戸籍・計帳《けいちょう》・班田収授《はんでんしゅうじゅ》の法を作る。

④それまでの賦役《ふやく》をやめ、新たな仕組みを作る。

第一条は部民制・屯倉制の廃止を詠い、第二条は、民を各地域ごとに編成し直し、第三条は、班田収授法だ。簡単にまとめれば、豪族たちから土地と民を吸い上げ、その代わりに豪族には役職とサラリーを与えた。また戸籍を作り民に公平に田を支給し、そこから余剰収穫物を吸収

（税）し、民には労役や兵役を課そうというものだ。そして第四条は、租税の統一を言っている。私地私民を禁じ（豪族が土地を私有し民を支配することを禁じた）、国家が掌握し、土地を公平に分配するというスタイルだ。『日本書紀』は、改新之詔を発したことを示し、新たな統治システムが完成したかのように印象づけたのだった。

この『日本書紀』の記事をどこまで信じて良いのだろう。長い間論争が続いた。

大化改新をめぐる研究は、すでに江戸時代中期から始まっている。儒学者・新井白石《あらいはくせき》が、改新之詔だけではなく、大化元年（六四五）九月十九日に発せられた人口調査と公地公民にまつわる詔から二年八月の品部《しなべ》廃止の詔（豪族の私有民を国の民とした詔）までを、大化改新と捉えた。

これに対し国学者の本居宣長《もとおりのりなが》は、大化改新は中国古代王朝の影響を強く受けて、政治組織、制度、文化が大きく変化したものと捉えていた。本居宣長はこれを悪い意味で言っているが、その後儒学者の頼山陽《らいさんよう》は、中国の制度が導入されたからと言って、日本固有の美学が失われたわけではないと指摘した。

明治時代に至っても、特段関心が寄せられたわけではなかったが、明治二〇年ごろから、空気は変わった。西洋流の実証主義に対する憧れと、ナショナリズムの台頭というふたつの側面を持ち合わせていたのだ。

改新の詔の要旨

第1条	**私地私民制から公地公民制への転換** ●天皇などの子代の民・屯倉、豪族の部曲の民・田荘を廃止し、豪族には食封・布帛などを支給する
第2条	**中央政権制度と地方行政** ●地方行政制度……京師《みさと》の制定、畿内の範囲、国郡の設置 ●地方官制……国司・郡司（もとの国造などから任命）・里長の任命 ●軍事・交通機関の設置……関塞《せきそこ》・斥候《うかみ》（北辺首尾の人、またはのろしをつかさどる人）・防人・駅馬・伝馬・鈴契
第3条	**土地制度の改革** ●戸籍・計帳の作成 ●班田収授法の実施 ●里の設置……50戸を1里　里長を任命 ●町段歩制……田1段につき稲2束2把30歩×12歩＝360歩（1段）
第4条	**新しい税制度の導入** ●調（田の調と戸別の調）・調副物・兵士・仕丁・庸・采女《うねめ》

明治二十二年（一八八九）には、大化改新は「革命」とみなされ、大権を獲得した天皇が、外交権と軍事権を掌握し、氏族を支配する統轄権を握ったものと考えられるようになった。そして、大化改新は、「明治維新論」と密接につながり、藤原鎌足（中臣鎌足）は、王家の忠臣として、大いに評価されていった。

その一方で、『日本書紀』の記事を疑う発想も目芽えつつあった。大化改新の時点で改革が実現したわけではなく、壬申《じんしん》の乱（六七二）のあとの天武朝で成し遂げられたという推論で（三浦周行「大化改新論」）、内政に拘泥《こうでい》するあまり、朝鮮半島の権益を失ってしまったといい、ここが、明治維新との大きな違いだとも指摘している。

要は本来別の話であるはずの大化改新論と明治維新論なのに、ふたつの事件の相違点と共通点を掲げることで、強くつなげていったのだ。そして、大化改新は国体と歴史変革の出発点とみなされるようになったのである。

●長い大化改新をめぐる論争

これに対し、大化改新は言われているような行政区分と政治組織の急激な成立ではなく、政治組織の改革にすぎないとする冷めた見方も存在した。土地改革も、大化改新以前からすでに班田制は成立していて、国家が土地を収奪するまでには至らず、地方豪族の力は温存され、そのまま荘園制へと移行するという発想だ。

民間ではブルジョワ歴史学が広まり、大化改新を大きな国政変革とみなす考えも現れた。中大兄皇子は皇太子として国政改革に乗り出し、国号を日本と定め（実際には天武天皇の時代）、はじめて、年号を定め（大化）、族長体制を官制組織に移行させた。天皇は種族を超越し、人民統治の君主となった。神武東征ののち、はじめて「国民国家」が出現したというのである。

大正末期から昭和初期になると、ふたつの大きな潮流が生まれる。階級的立場を強調した史的唯物論《ゆいぶつろん》と近代的合理主義を採り入れた方法である。後者を代表するのは、津田左右吉《つだそうきち》と坂《さか》本太郎《もとたろう》で、二人の意見は対立しているが、「史的唯物論に反感を抱く」という共通項では結ばれていた。

ちなみに史的唯物論（唯物論的歴史観）とは、マルクス主義の革命理論に与えられた世界観、歴史的展望とされている。歴史発展は社会の物質的生産に求められる。また人間社会には自然界と同じように法則（発展諸法則）があって、人間は進歩し続け、人間界の発展の様子を予知できるという発想だ。

また、具体的に唯物史論は、原始氏族社会は奴隷制的古代社会に移行したと説明している。ただしこれは、ギリシャやローマの歴史には適用できるが、アジアには当てはまらない。そこで「変型的奴隷制」という発想が生まれた。「部民《べみん》」を例に挙げている。部民は王家や豪族に隷属して私有民となり、生産物を貢納し、労役に就いた。部民の中でも王家の私有民は「名《な》代《しろ》・子代《こしろ》」といい、豪族の私有民は「部曲《かきべ》」といった。彼らは「氏《うじ》」のグループに含まれ、氏上《うじのかみ》（首長）が氏人《うじびと》を束ね、氏上が氏を代表して、朝政に参画した。これが、氏姓《しせい》制度だ。

また、大化改新で、部民は私民から公民（律令農民）になったが、部民はもともと奴隷だったというのだ。ただし、この史的唯物論は、すでに過去の遺物となっているため、ここで深く説明するつもりはない。

ここで、ついでだから、話は寄り道にそれて、「氏姓制度」について、触れておく。

氏姓制度とは、身分制度でもある。中央貴族と地方貴族に対し、地位や尊卑に応じて、朝廷が氏族に名と姓《かばね》を与え、その地位を世襲させた。

たとえば蘇我氏の場合、「蘇我」が氏名、「臣」「大臣」が姓で、「臣」とは、畿内の有力豪族で、主に天皇の末裔に与えられた。第八代孝元《こうげん》天皇以前の皇族の末裔で、皇別氏族と呼ばれている。有力な「臣」は、「大臣」として国政に大きく寄与した。天武十三年（六八四）に八色《やくさ》の姓《かばね》が定められ、力をもった「臣」に新たに「朝臣《あそん》」のカバネが与えられた。

また、六世紀に蘇我氏と雌雄を決した物部氏や神武東征時から王家に付き従ってきた大伴氏の姓は「連《むらじ》」「大連」だ。「連」は、「村主《むらじ》」の意味とされ、品部（物を貢納し、労役に従事して朝廷に奉仕した職業人）を率いた有力氏族に与えられた。八色の姓の制定とともに、朝臣や宿禰《すくね》のカバネを与えられた。また「連」は、朝廷における職務が氏の名の由来になっている。
また、「蘇我石川」や「物部弓削《ゆげ》」、「阿倍布勢《あべのふせ》」のように、父方と母方双方の名を重ねた「複姓」も存在した。七世紀後半以降、「父系」の氏名に統一されたが、古代社会に母系が大きな地位を占めていたことを物語る。

津田左右吉と坂本太郎の「大化改新論」

史的唯物論を意識し、反発し、その上で新たな大化改新論を展開したのが、津田左右吉と坂本太郎だった。そこで順番に、意見を聞いてみよう。まずは、津田左右吉だ。

津田左右吉は、はじめて「改新之詔」に疑念を抱いた学者だった。

津田左右吉は、皇極・孝徳朝の『日本書紀』の記事を再検証し、改新之詔には造作のあとが見受けられると指摘した。『日本書紀』の記事をとことん疑い、切り捨てていった。そして、『日本書紀』の改新之詔は、のちの時代に加筆されたもので（近江令だという）、本当の「原詔」があったはずだと推理した（『津田左右吉全集3　日本上代史の研究』岩波書店）。

それまでの史学界の大化改新に対する評価は、部民（奴隷と考えられてもいた）などの階級解放であり、氏族制度を根本から改革したとほぼ手放しの礼讃だったが、津田左右吉は、中国の制度を模倣した政治上の制度だったと冷ややかだった。

その一方で、津田左右吉は、大化改新の本質を「土地改革」と喝破した。この功績は、大きい。「改新の主要目的は天皇、豪族及び貴族豪族の私有地民を廃して全国の土地人民を国家に統一することであったことが知られる」（前掲書）と言っている。

一方坂本太郎は、大化改新を「王政復古」とみなし、「改新之詔」は『日本書紀』の言うとおりで、のちの時代に加筆されたものではないと主張した。そして改新以前から大宝律令（七〇一）に至るまでの歴史記述は、改革の連続性を示し、政権が意欲的に改革を進めていたことを示していると指摘した。

戦後になると、昭和二十六年（一九五一）に、井上光貞《いのうえみつさだ》が、改新之詔を疑う論考を発表し、波紋を投げかけた。改新之詔には、後世の知識が盛り込まれ潤色されていること、これらの政策は、孝徳朝から天武朝の時代に、時間をかけて実施されたものだと主張し、坂本太郎との間に、論争が展開されたのだった。

こうして大化改新をめぐる論争は、古代史研究の大きなテーマとなっていった。

そして一九六〇年代中ごろ、原秀三郎《はらひでさぶろう》や門脇禎二らが、かつてない斬新な発想を提示した。

蘇我入鹿暗殺は事実かもしれないが、その後の改革事業が実行されていたかどうか、疑問だと言い、「大化改新はなかった」と唱えた。

原秀三郎は改新之詔の中にある「部曲（豪族の私有地）の廃止」は、実際にはのちの時代に達成されたと指摘した。『日本書紀』の天武四年（六七五）二月の詔に、「天智三年（六六四）に諸氏に与えられた部曲は、以後廃止しなさい」とあったからだ。この時点まで、部曲は存続していたというわけだ。そして、古代天皇制国家、公民体制による人民支配体制は、天武四年にはじまったと指摘した（前掲書）。

一般的に彼らは、「大化改新否定論者」と呼ばれている。ただし、門脇本人は、「否定をいったことはない」「あったかなかったか、という問題だけでもない」（『大化改新』史論　下　思文閣出版）と言及している。要は、大化改新で『日本書紀』に記されたような劇的な変化が起きていたわけではない、と主張しているのだ。

大化改新は、『日本書紀』の記事をもとに、近代の史学が「学問的認識として観念的に再構成したもの」と原秀三郎は言い、近代の史学が大化改新を発見したのだという。それはなぜかというと、

> 全面的に近代天皇制イデオロギーに支えられたブルジョア・アカデミズム史学の「功績」に帰すべき

氏姓制度

	大王（天皇）	**大王**（天皇）
中央の有力豪族 姓《かばね》は臣《おみ》・連《むらじ》 地位…大臣、大連	氏上 氏人 大王は氏に対し、家柄や職業に応じて姓を与えた	（臣）（連） 大臣　大連
中央・地方の豪族 姓は臣・連・君・直《あたえ》・造・首《おびと》など 地位…伴造、国造、県主、稲置	氏上 氏人	（臣、君、直）（連、造） 氏上　**国造**　**伴造** 氏人
部《べ》民《みん》 農民、漁民、技術民など 名代…長谷部・穴穂部 子代…舎人部・膳《かしわで》部《べ》・靫《ゆげ》負《い》部など 品部…錦織部・韓鍛《からかぬ》冶《ち》部・史《ふひと》部・ 忌部・玉作部・鞍作部など 田部（屯倉の耕作民） 部曲（豪族の私有民）	部曲 （蘇我部 大伴部など） 部曲	部曲 名代 子代 田部 部曲　品部
奴《やっこ》 家内奴隷 **土地** 屯倉（ヤマト政権の直轄地） 田荘（豪族の私有地）	奴　奴 田荘　田荘	屯倉 田荘　田荘　田荘

と結論づける（『日本古代国家史研究』東京大学出版会）。

つまり、明治維新によって誕生した近代天皇制は、古代の神話と関連づけられ、大化改新の「王政復古」としての大化改新の発見につながっていったという。その例のひとつに昭和十三年（一九三八）に坂本太郎が記した『大化改新の研究』が、大化改新を「王政復古」と規定していた事実を挙げている。

ならば、原秀三郎は「進歩的歴史学」を駆使して王政復古としての大化改新論を否定しているのかというと、それは違う。その証拠に、北山茂夫《きたやましげお》の『大化改新』（岩波新書）を例に挙げ、「階級的史観からする叙事詩的叙述が展開されている」と、手厳しい。北山茂夫は大化改新について、「最高の支配者の家系じたいが、依然として大化前代の世襲王権を継承してかわるところがなかったのである」といい、大王家（天皇家）を、世襲化された最高の支配者であり、王家の交替がなかったところを、批判している（『王朝政治史論』日本歴史叢書　岩波書店）。

もちろん原秀三郎は、北山茂夫だけではなく、戦後史学界をリードしてきた、進歩的歴史学に、猛省を求めているのだ。特定のイデオロギーに歴史を無理矢理押し込めていく作業は、歴史認識を歪めていく。

そして原秀三郎は、大化改新によって社会や統治システムが進歩したのではなく、形態が入れ替わったのだと指摘している。

◉——孝徳政権は蘇我入鹿の政策を継承していた

そこで次に注目してみたいのは、門脇禎二だ。

門脇禎二の功績は、大化改新を制度史だけではなく、もっと異なる視点から見つめ直す必要があると考えた点だ。

『日本書紀』は、「蘇我本宗家の専横」を喧伝《けんでん》したため、この話を大前提にして乙巳の変と大化改新の「意味」が研究されてきた。しかし門脇禎二は、この常識を疑ってかかったのだ。蘇我氏を悪者として描いているのは、『日本書紀』三十巻の中でも巻二十四の大化改新の直前の一部分に過ぎないという。それ以前の蘇我氏は、決して悪くは描かれていないし、これは『日本書紀』のみならず、藤原氏の『藤氏家伝《とうしかでん》』でも同じだと指摘した。

さらに、皇極天皇の弟・孝徳天皇が、乙巳の変のあと、蘇我本宗家の路線を継承していたのではないかと推理している。その根拠を掲げておこう。

（1）蘇我入鹿の上宮王家（聖徳太子の末裔）襲撃の軍勢の中に、軽皇子（のちの孝徳天皇）

が混じっていたという話がある。

（2）中大兄皇子と中臣鎌足は蘇我入鹿暗殺の直前、南淵請安《しょうあん》のもとで学んでいたが、孝徳天皇は南淵請安ではなく、旻法師《みんほうし》をブレーンに取り立てている。こちらは蘇我入鹿が師事したとされる人物だ。

（3）孝徳天皇は、上宮王家滅亡事件に関わっていた巨勢徳陀や大伴長徳らを重用している。

その上で、孝徳天皇の治政は、蘇我入鹿が権勢をほしいままにした皇極朝のそれによく似ていて、蘇我本宗家滅亡によって政策が転換されたわけではなく、継続していたことを強調する。この門脇禎二の指摘は、「改革の邪魔をしていた蘇我氏」の汚名を祓う意味を持っていた。門脇禎二の考えを後押ししているのは、「難波長柄豊碕宮《なにわのながらのとよさきのみや》」（大阪市中央区）だと思う。難波長柄豊碕宮はのちの都城の原型となるもので、孝徳天皇が造営を急いだ。理由もはっきりとしている。律令制度は土地改革でもあるが、豪族から土地を奪い、民に配るに際し、国土をなるべく正確に「網の目状」に区分けする必要がある。そして、その「定規の原型」が必要で、それが宮や京域の条坊だった。だから孝徳天皇は、難波長柄豊碕宮造営を急いだのだ。

のちに触れるように、難波遷都計画は、すでに蘇我入鹿の時代から立てられていた可能性が高い。

孝徳天皇は、親蘇我派の豪族たちを取り立てて、政権を固める一方で、中大兄皇子を皇太子に、中臣鎌足は内臣に任命していたと『日本書紀』は言うが、この後二人は孝徳朝で、ほとんど活躍していない。孝徳天皇の晩年、中大兄皇子は飛鳥遷都を進言し、断られると、勝手に人びとを率いて遷都を強行している。せっかくできあがった「律令土地制度の基礎」を、中大兄皇子は捨ててしまったのだ。本当に中大兄皇子と中臣鎌足は改革派だったのだろうか。そうではなく、彼らこそ反動勢力ではあるまいか。そうみなせば、多くの謎が解けてくる。

門脇禎二は考古学も無視していない。

これまで大化改新と言えば、天皇ＶＳ蘇我氏の対立が強調されてきたが、それは副次的なもので、支配者（天皇や蘇我氏ら）が庶民とどう向き合っていたのかが大切だと説く。その上で、考古学の知見を用いている。

この時代の地下水位の高い湿田から、周辺の高い場所に開発が進み、鉄製のＵ字型鍬や鋤をもちいたことが分かっている。それまでの湿田だけではなく、畑や乾田が採用されていったこと、斑鳩や飛鳥の開墾も進み、豪族たちの勢力圏も変化したという。その結果、新たな土地に人びとが移住し、勢力図に変化が起きた。蘇我氏や物部氏という括り方が意味をなくし、それぞれの同じ氏族の中から、異なる動きを示す集団（支族）が現れていったと指摘したのである。

●――考古学の物証も大化改新を語り出した

大化改新をめぐる議論はその後もつづいたが、考古学の物証が、次第に大きな意味を持つようになってきた。

昭和四十二年（一九六七）に藤原宮でみつかった「己亥年（六九九）十月」の木簡に「評《こおり》」の文字が記されていた。これは行政単位を表している。大化改新では「郡が置かれた」はずだが、それは大宝律令以降の知識を用いて記されていたこと、その一方で、「郡ではなく評」という単位が生まれていたことも分かってきた。平安時代の文書には、孝徳天皇の時代に「評が立てられた」と記録されていて、物証とうまく重なった形になった。

もうひとつ、大きな発見があった。

平成十四年（二〇〇二）に、飛鳥寺（法興寺）の北西の石神《いしがみ》遺跡で「乙丑年（六六五）」の木簡がみつかった。そこには「大山五十戸《おおやまのさと》」（美濃国武儀郡大山郷。現在の岐阜県富加町）と記されていた。「五十戸」の三文字で「さと」と読むのは、この地域の集落五十戸でひとつの塊とみなしたからだ。

一方、斉明天皇の時代の飛鳥京から、「白髪部《しらかべ》五十戸」の木簡が出土していて、こちらは「部名＋五十戸」になっていて、さらに「国－評－五十戸」と記されていた。その「部民＋五十戸」が「土地（先の例で言うと大山）＋五十戸」に変化していたことが分かり、これこそ、律令土地改革の証と考えられるようになった。大化改新で「評」が置かれたのだから、「地名＋五十戸」も、孝徳朝で整えられていた可能性が高くなったのだ（市大樹『飛鳥の木簡』中公新書）。

　こうして、大化改新に対する評価は、ほぼ固まりつつある。『日本書紀』がいうような「詔が発せられた直後に完成した」わけではないが、はじめの一歩が踏み出されたことは確かだろう、という考えが、直近の通説と言って良いだろう（まだまださまざまな説は提出されているが）。

　ただし、もうひとつ付け加えておきたいのは、すでに六世紀後半の蘇我氏全盛期から、改革への歩みは始まっていて、大化改新の直前に断絶することなく、改革は継続していたであろうことだ。「本当に改革が進められたのは天武朝ではないか」とする考えが有力視されるようになってきたが、「改革の始まりが推古朝で、それを蘇我氏や孝徳天皇が継続し、天武朝に至り、スピードは急激に上がった」というイメージだ。

◉―― 律令整備の前段階のインフラ事業がすでに推古朝で始まっていた

大化改新をめぐる学説の流れを見てきた。こうなると、新たな疑念も生まれてくる。「改革が以前から続いていたのなら、なぜ、『日本書紀』は大化改新が大きな転換点になったと語っているのだろう」という、素朴な疑問である。

この謎を解き明かすことはできるだろうか。

大化改新は「制度史研究」の格好の素材となったが、いまだに、「大化改新は大きな時代の区切りになった」という先入観から抜け出せないでいると思う。しかし、改革事業そのものは、蘇我氏全盛期から少しずつ進んでいて、継承されていったにすぎないと、考えられるようになってきた。すると、六四五年に起きていたのは、蘇我入鹿暗殺という要人暗殺であり、政権転覆の目的は果たせなかった可能性が高い。

ここは大切なので、もう少し付け足しておこう。改革がつながっていたのなら、中大兄皇子と中臣鎌足は、何を目的に蘇我入鹿を殺したのかという、大きな疑念につながっていくからだ。

大化改新以前の改革事業が続いていたと思われる最大の証拠は、「難波遷都」だろう。難波遷都が蘇我入鹿存命中に、計画が持ち上がっていたようなのだ。これは「孝徳天皇が改革事業を継続していた証拠」になり得る。『日本書紀』が、こっそりと暴露していたことでもある。

すでに触れたように、『日本書紀』は皇極四年春正月に、遠くに「何かが見えた」といい、サルのうめき声が聞こえたが姿は見えず、「難波遷都によって板蓋宮が廃墟になる予兆だった」と記録している。これと関連して、大化元年冬十二月条に、次の記事が載る。

天皇は都を難波長柄豊碕宮に遷された。老人たちはみな口々に、
「春から夏にかけて、ネズミが難波に向かっていったのは、遷都の兆しだったのだ」

と語り合ったというのだ。この年の春から夏は、蘇我入鹿存命中のことだから、ふたつの記事は、「難波遷都は孝徳天皇の思いつきや、中大兄皇子と中臣鎌足の献策ではなかった」ことを示している。そして、乙巳の変や大化改新は、それ以前の事業を継承していたことになる。

ならば改革は、いつごろから始まったのだろう。

『日本書紀』推古二十八年（六二〇）是歳条に、皇太子（厩戸皇子）、島大臣（蘇我馬子）は協議し、『天皇記』と『国記』、そして「臣・連・伴造・国造・百《もも》八《や》十《そ》部《とものお》、公民どもの本記」を記録したとある。ちなみに、厩戸皇子の薨去は、この翌年のことだ。

歴史書の編纂がこの時期に行われていたとすれば、その意義は大きい。中国では王朝交替を易姓革命と称し正当化する。そして、新王朝は前王朝の歴史書を編纂し、新王朝の「世直しの正当性」を主張する。とすれば、日本の場合、「王家の入れ替え」ではなく、実権を握る者が

ここですり替えられた可能性を疑っておいた方がいい。
『日本書紀』編纂は西暦七二〇年で、この時藤原氏が旧豪族から実権をごっそり奪い取った。とすれば、七世紀前半に歴史書が編纂されたのは、制度改革の一環として、というよりも、ヤマト建国からあと主導権を握っていた物部氏から、蘇我氏が主役に躍り出たことの結果ではないかと思いいたるのである。

これは、前方後円墳体制の終焉と仏教導入とも関わっている。ふたつの時代をわける座標軸である。

東アジアの「共通語」になっていた仏教を積極的に導入したのも推古天皇であり、主導したのは蘇我氏であろう。

推古三十一年（六二三）秋七月、新羅（朝鮮半島東南部）と任那《みまな》（朝鮮半島最南端。伽耶）は使者を日本に遣わし、仏像、金塔、舎利などを貢上し、四天王寺（大阪市天王寺区）に納められた。この時、唐の学問僧らも渡海してきた。そして、唐に遣わされていた恵日《えにち》は、唐に留学している者たちを召還すべきこと、唐は「法式備定之珍国《のりそなはりさだまれるたからのくに》」と表現している。法式が整備されたすばらしい国だという。唐から多くのものを学び、交流を深めるべきだと進言したのだ。

一方、インフラ整備も、推古天皇の時代に積極的に進められた。時代は前後するが、推古十五年（六〇七）に小野妹子《おののいもこ》が隋に派遣され、翌年隋の煬帝《ようだい》は裴世清《はいせいせい》をさし向けてきた。この時、裴世清は難波（大阪市中央区）に上陸し、朝廷は海柘榴市《つばいち》（奈良県桜井市）で飾馬《かざりうま》七五匹を用意し、歓迎した。なぜ海柘榴市なのかというと、難波から大和川を舟で遡ってきたからだ（上流に向かう場合、馬に船を曳かせたと思われる）。古代の日本列島の流通は、水上交通が重視されていたのだ。もちろん、地形が複雑なことも、大きな理由だった。

ただし、ここから陸路の整備が始まったようなのだ。推古二十一年（六一三）十一月、『日本書紀』には、難波から都にいたる大道《おおじ》を置くとある。ヤマト周辺の主要な道は、聖徳太子が造ったという伝承も残される（『聖徳太子伝記』）。すべてがこの時代に整備されたわけではないが、水運が重視されていた時代に、実際に「大道」が造られた意味は大きい。

律令が本格的に整えられていくのは七世紀後半の天武天皇の治政下なのだが、同時に幅の広い直線道路が全国に作られていった。道はほぼ地形を無視してまっすぐ作られていたが、律令整備は土地制度と税制度が本当の柱で、農地を正確に区分けする必要があった。人びとに平等に貸し出し、税を都に運んでもらうためだった。推古天皇の時代の大道も、やはり直線的で、律令土地制度を意識した設計思想になっている。

大切なのは、律令制度の基礎となるインフラ整備が、大化改新以前に始まり、それが続いていたという事実である。

大化の改元も怪しい

『日本書紀』のイメージ戦略は、巧みだと思う。「大化（大きく化けた）」の元号もじつに怪しく、本当にあったかどうか判らないのだ。「はじめて元号が作られた」という『日本書紀』の記事は「七世紀の半ばに制度史のエポックがあった」ことを印象づけるために、書き足したのではなかったか。

『日本書紀』は孝徳天皇の時代、「大化」と「白雉《はくち》」の元号が使われたと言い、持統天皇は「朱鳥《しゅちょう》」の年号を用いたと言うが、『日本書紀』の記事は持統朝で終わっていて、次の正史『続《しょく》日本紀《にほんぎ》』の出だしの部分に元号はなく、その後大宝《たいほう》元年（七〇一）に至るまで、元号が使われなかったことも、謎を生む。『日本書紀』編纂段階で、元号を付け足した可能性も、疑っておく必要がある。

また、聖徳太子に関連する後世の複数の文書の中で、大化以前の蘇我氏全盛期に「法興《ほうこう》」という元号が存在していたことも示されていて（もちろん『日本書紀』は無視するが）、これも、興味が尽きない。

大化の改元を肯定する史学者は多かった。かつてはそれが常識であり、定説だった。ただし、否定する学説も登場したのだ。たとえば佐藤宗諄《さとうそうじゅん》は、大化の元号は、「あまりにも当時の元号についての意識からかけ離れたものであること」に気づき、「わたくしたちは、あまりにも『日本書紀』の記事に信用をおきすぎてきたのではないか」という。そして、「大化」が一般的な改元とは異なり、祥瑞《しょうずい》によらないこと、政治的であること、当時の貴族にはクーデターと改元を結びつける発想はなかったこと、『日本書紀』の孝徳即位前期の改元記事が、大宝律令（七〇一）による元号制成立後の記事に酷似していることを指摘して、大化改新の「大化」の元号に疑問を投げかけた（『元号を考える』鈴木武樹編　現代評論社）。

そもそも、七世紀半ばに「大化」の元号が使用されていた証拠は、『日本書紀』の記事以外にはみつかっていない。

また、孝徳朝から時代が下った持統・文武朝に、「大化」の元号が使われていたと記す文書がある。『愚管抄《ぐかんしょう》』や『皇代記《こうだいき》』、『皇年代略記《こうねんだいりゃっき》』、『歴代皇紀《れきだいこうき》』、『本朝後胤紹運録《ほんちょうこういんじょううんろく》』など、平安、鎌倉時代からあとの多くの文書が証言している。なぜこのような混乱が起きてしまったのだろう。正史だからと『日本書紀』を信じることもできない。

「大化」の元号をめぐっては、すでに江戸時代から問題提起されていて、伴信友《ばんのぶとも》は、孝徳・持統朝どちらも、「大化」を使っていたのではないかと推理している。

ただし、ふたつの時代に同じ元号を用いたことはありえない。一方で、持統九年（六九五）

から文武二年（六九八）の間に「大化」の年号を使用していたという記事が多くの文書に残った事実は、無視できない。『日本書紀』持統七年（六九三）十一月十四日の記事に、「僧（複数）を近江国益須郡《やすのこおり》（野洲《やす》郡。滋賀県近江八幡市西端、守山市、野洲町などの地域）に遣わし醴《れい》泉《せん》（太平の世に湧き出る甘い泉）を試飲させたとある。さらに、持統八年（六九四）三月十一日に、詔して次のように述べられた（持統天皇）。

昨年、近江国益須郡の都賀山《つがやま》（不明。守山市の小山か）に、醴泉が湧いた。多くの病人が益《や》須寺《すでら》（やはり守山市か）に逗留して治療した。そこで益須寺と醴泉の貢納を発見したものに、褒美を授けた……

持統八年（六九四）と言えば、新益京《あらましのみやこ》（藤原宮）遷都が断行された年で、大きな節目にあったこと、ここに、祥瑞改元の可能性が疑われているのである。

持統大化の可能性は高いと思う。詳細は次作に譲るが、持統天皇は中臣鎌足の子の藤原不比等を大抜擢した上で、日本の歩みを大きく変えてしまっている。この女帝が現れなければ、日本（列島）人はもっと幸せだったろうにと思うほどだ（くどいようだがその意味は、次作で語る）。そして持統以前の日本の歴史は、藤原不比等が権力者の時代に書かれた『日本書紀』によって改竄《かいざん》され、隠匿されてしまったのだから、持統天皇と藤原不比等の時代の「大きく化けた」の改元がなされたとすれば、じつに整合性をもっている。逆に言うと、大化改新で時代は大きく化けたわけではないのだ。

七世紀半ばに元号が定められ、「大化」になったという『日本書紀』の話は、改革事業がここで一気に進捗したことを印象づけるカラクリのひとつではあるまいか。

●――高まりつつある蘇我氏見直し論

改革事業が大化改新以前にすでに始まっていて、継続していたとすれば、蘇我氏を見直すきっかけにもなる。

遠山《とおやま》美都男《みつお》は『蘇我氏四代の冤罪を晴らす』（学研新書）の中で、蘇我氏を悪役と決め付けてきたかつての歴史観は後退しつつあるが、それでも、誤解があると指摘する。たとえば水谷千秋は蘇我入鹿の皇位簒奪の野望を『日本書紀』のフレームアップ（でっちあげ）と推理しているが（『謎の豪族　蘇我氏』（文春新書）、その一方で、もし仮に暗殺されていなければ、古人大兄皇子を擁立し、そのあと、古人大兄皇子から蘇我氏へ王位の禅譲があったのではないかと推理している。この推論について遠山美都男は、『日本書紀』の述作のワナにはまっていると指摘している。そしてその根拠を、最新の『日本書紀』研究に求めている。

中国音韻学の専門家・森博達《もりひろみち》は『日本書紀の謎を解く』（中公新書）の中で、『日本書紀』の各巻を記述者の違いでα群とβ群に分類した。正しい中国語の音と文法に通じていた人が持統朝に書いたα群、中国語を完ぺきに把握していない（おそらく日本人）が文武朝以降に書いたβ群だ。森博達は『日本書紀』編纂の主体は藤原不比等（中臣鎌足の子）で、藤原氏にとって都合の良い歴史書だと指摘しているのだが（『日本書紀成立の真実』中央公論新社）、それはともかく、蘇我入鹿暗殺の場面はα群で、本来なら正しい漢文で書かれているはずなのに、この部分だけが、不正確な語法を用いている。

森博達の研究成果を大いに評価する谷口雅一《たにぐちまさかず》も、α群が先に成立し、そのあと、何者かが手を加えていた可能性が高いと指摘し、天智天皇と中臣鎌足を礼讃するために、蘇我氏は『日本書紀』によって、意図的に抵抗勢力、逆臣として描かれてしまったと推理している（『「大化改新」隠された真相』ダイヤモンド社）。

遠山美都男は、これらの研究成果を踏まえた上で、持論を展開する。

遠山美都男は天智天皇（中大兄皇子）が死後、娘の持統天皇によって藤原宮大極殿の真北の方角に埋葬されたことを重視する。大極殿は律令法典に基づき政治を執り行う場所で、その真北に天智天皇の御陵がたたずむのは、天智が中国の天子や皇帝に命令を下す「天帝」のような存在になったことを意味するというのだ。天智天皇こそ、天命を受けて初代皇帝になったという図式である。その証拠に、天智天皇には「天命開別天皇《あめみことひらかすわけのすめらみこと》」という諡号《しごう》が献上されている。この、天智天皇の若き日の業績を顕彰するためにも、『日本書紀』編者は、蘇我入鹿殺しが正義の戦いでなくてはならなかったと、遠山美都男は指摘している。

このように、古代史最大の悪人とレッテルを貼られてきた蘇我氏の名誉回復の日は、近づいてきているのである。

◉――『日本書紀』の本質を知れば多くの謎が解けてくる

『日本書紀』の話が出たついでに、ここで念を押しておきたいのは、『日本書紀』が王家のために書かれたというこれまでの常識を疑ってかかる必要があるということだ。

くどいようだが、『日本書紀』は中臣鎌足の子の藤原不比等が朝廷のトップに立ったときに記された正史だ。正史は「正しい歴史」ではなく、「政権が正式に編纂した歴史書」であって、中国では前王朝の歴史を新王朝が記録した。中国では王朝交替を易姓革命と呼び、正当化した。前王朝の腐敗を暴き、新王朝が世直しをしたことを明示するために編《あ》まれたのが中国の歴史書だ。

ところが日本の場合、『日本書紀』編纂時に王家は入れ替わっていない。その代わり、物部氏、蘇我氏、大伴氏といった、古い歴史をもった諸豪族が没落し、新興勢力の藤原氏が勝ち残った。その段階で歴史書が編まれたということは、「力のない王家ではなく本当の権力者が入れ替わったから」と理解できる。その証拠に、『日本書紀』は王家を敬っているようで、コケにしている。

その様子がよく分かるのは、乙巳の変と、そこに至る道のりだ。特に、藤原不比等の父親・中臣鎌足の行動が、王家を見下しているとしか思えない。

まず第一に、中臣鎌足は蘇我氏の専横を憎み、共に蘇我氏を打倒する同士を探すが、最初軽皇子（孝徳天皇）に接近し寵愛されるも、本命だった中大兄皇子に乗り換えている。もし仮に『日本書紀』が天皇家の歴史を美化するために編まれたのなら、このようなストーリー展開は、ありえない。臣下の者が皇族の実力を天秤にかけるなどという話は、不誠実そのものではないか。

もし『日本書紀』が、天皇を美化するために描かれたのなら、皇族が中臣鎌足らの実力を見定めて、重用するというストーリーになるはずだ。百歩譲って仮に、この話が事実だった（中臣鎌足が中大兄皇子を選んだ）としても、天皇家にはばかりを感じ、その通りには書かなかっただろう。

それだけではない。蘇我入鹿暗殺現場で、情けない刺客たちを中大兄皇子は叱責し、自ら入鹿に斬りかかっているが、この時中臣鎌足は何をしていたかというと、後ろのほうで弓矢を持って傍観していたと『日本書紀』は言う。高みの見物をしゃれ込んでいたわけだ。この記事も、ありえない。『日本書紀』の言うとおり、中大兄皇子が皇位にもっとも近かったのなら、なぜ大切なプリンスが命がけの働きを見せているとき、中臣鎌足は安全な場所に居て、偉そうにしていたのだろう。これも、『日本書紀』が天皇家のために書かれた歴史書ではなかったことを示している。これまでの常識は覆されるし、『日本書紀』が中臣鎌足を顕彰するために書かれたことを前提にすれば、新たな歴史像が展開できるはずである。

　中大兄皇子は孝徳天皇が亡くなると、母の皇極を再び担ぎ上げ（斉明天皇）、実権を握ると、無謀な百済救援（遠征）に向かう。これが白村江《はくすきのえ》の戦い（六六三）で、人びとは「負けるに決まっている」と罵《のの》った。案の定、大敗北を喫し、日本は滅亡の危機を味わうのだが、のちに中大兄皇子（天智天皇）が近江遷都を敢行した際にも、人びとは口々に中大兄皇子を罵り、遷都に反発していた様子が『日本書紀』に記録されている。『日本書紀』は中臣鎌足が選んだ中大兄皇子さえ、擁護していない。この事実は重大な意味を持っていると思う。

『日本書紀』が王家ではなく中臣鎌足や藤原氏のために記された歴史書だった……。そう考えると、なぜ大化改新で改革事業は一気に進捗したと『日本書紀』が強調したのか、その意味がようやく、はっきりと分かってくる。とても簡単な図式だと思う。

すでに述べたように、ヤマト政権の改革事業や中央集権化への歩みは、五世紀後半の雄略天皇の登場から始まっていた。そして六世紀初頭に越から継体天皇が連れて来られ、蘇我氏が台頭し、新たな潮流が生まれた。屯倉《みやけ》（王家の直轄領）が蘇我氏らの努力で増え、王家は相対的に強くなりつつあった。遣隋使が派遣され、隋の皇帝に日本の統治システムを笑われ、一気に律令整備へと、舵は切られたのだろう。そして、この運動は蘇我入鹿亡き後も、親蘇我派の孝徳天皇に引き継がれたと思われる。しかし一方で、この事実をありのままに記録すれば、中大兄皇子と中臣鎌足は「反動勢力」のレッテルを貼られかねない（事実反動勢力なのだが）。そこで「藤原不比等政権下の『日本書紀』」は、大化改新を大仰に礼讃して見せ、「大化改新によって、時代は大きく動いた」ことを印象づけなければならなかったのだろう。そうすれば、「やはり蘇我入鹿が邪魔だったのか」と、みな信じたくなるからである。

中臣鎌足の手柄を顕彰、礼讃するためにも、入鹿殺しによって、新たな時代が到来したという形にしなければ、中大兄皇子と中臣鎌足が悪者になってしまう。

これが、『日本書紀』が描いた大化改新のカラクリと思われる。

第二章　どうすれば改革者を大悪人に仕立て上げられるのか

第3章

ひと目でわかる!

謎解きのポイント

〝凡者〟聖徳太子を聖者に仕立て上げて真の〝英雄〟討伐の理由とした?

『日本書紀』の語る聖徳太子による「大改革」とは?

- 冠位十二階の設立
- 憲法十七条の施行
- 遣隋使の派遣

▼

すべて **聖徳太子** の業績とするのか?

実は……

すべて6世紀から継続された事業の集大成だった!

▼

この中心人物こそ蘇我一族
すべて蘇我氏の功績だった

つまりこういうこと!

聖徳太子
＝
類まれなる聖者!

▼

『日本書紀』に明記された内容

さらに ……>

その子、山背大兄王を滅亡させたのは

蘇我氏 ➡ 残虐さと極悪非道な一族を印象付ける

つまり ……>

“聖者”聖徳太子を仕立て上げる ➡ **蘇我氏の世紀の悪役ぶりを際立たせる!**

その裏にある隠された狙いと大いなる陰謀

▼

これが藤原氏の恐るべき歴史的ねつ造だった!

◉―なぜ改革派蘇我本宗家は滅ぼされたのか

矛盾だらけの大化改新だが、その実体は、ようやく明らかになりつつある。もっとも大きな成果は、門脇禎二が指摘していたように、改革はすでに蘇我氏らの手で進められていたことが分かったことだ。そして大化改新という事件を『日本書紀』がクローズアップしたがために、史学界でさえ七世紀半ばに、蘇我本宗家が滅ぼされたことで一気に改革が進捗したと、間違ったイメージを抱いていたことも明らかになってきた。

しかしそうなると、新たな疑念が浮かぶ。蘇我氏も改革に専念していたのなら、なぜ蘇我本宗家は滅亡してしまったのだろう。蘇我蝦夷と入鹿を追いつめた中大兄皇子と中臣鎌足の目的は、なんだったのか、ここを史学界は明らかにしていないではないか。

史学界の大御所・坂本太郎は、乙巳《いっし》の変の原因を、内外情勢が行き詰まっていたからと指摘した。国内では、豪族の専横が頂点に達して皇室は脅かされ、国は衰退し、民は虐げられていたから、黙視している余裕はなくなったという。対外的には、唐の圧力が強まり、攻撃される恐れが出てきた。朝鮮半島では、百済が弱まり、新羅の興隆がめざましく、朝鮮半島南部のかつての日本の権益も、維持できなかった。中大兄皇子も中臣鎌足も、蘇我蝦夷と入鹿の親子の専横に、危機感を抱いたという（『坂本太郎著作集　第六巻　大化改新』吉川弘文館）。

もはやこのような推理を受け入れることはできないが、坂本太郎はかなり昔の史学者ゆえ、これを批判することはフェアではない。そこで、比較的新しい熊谷公男《くまがいきみお》の推理を掲げておこう（『日本の歴史　03　大王から天皇へ』講談社）。

熊谷公男は「蘇我氏の独裁に対する反発が、改新のクーデターの直接の引き金になった」とまず、前置きをしつつ、「当時、広範な社会現象になっていた、より根本的な問題」があったと言う。それは、戦後の史学界をリードしてきた石母田《いしもだ》正《ただし》の考えで、六世紀に成立した「トモ・部制（伴造。ウジごとの縦割りの支配体制。王民制）」の問題だという。制度疲労を起こし、内部矛盾によって解体の危機にあったこと、縦割りの体制である王民制から、地域ごとに編成し直す公民制への移行が求められていたという。その証拠に、『日本書紀』大化元年（六四五）九月十九日条には、次の詔が載る。


いにしえより天皇の御世ごとに名代《なしろ》の民を置いて、後の世に名を残した。臣《おみ》、連《むらじ》たち伴《ともの》造《みやつこ》・国造《くにのみやつこ》は、それぞれ自分の民を置いて欲しいままに使い、また、地域の山、海、林野、池、田を割いて、自分の財産とし、争い戦うことが収まらなかった。ある者は、広大な田を合わせ持ち、ある者は、針を刺すほどの土地ももっていない。調《みつぎ》を進上するときに、彼らは自身の分を収めとり、その残りを進上する（中略）。民はいまだに貧しいというのに、力の強いものは田畑を私有地とし、民に貸し与え、地代をとっている。これから先、土地を貸してはならない。みだりに主となって弱い者を支配してはならない

これを聞いた百姓《おおみたから》たちは、大いに喜んだという。この詔に記されているように、豪族が私有地と私有民を支配し、私腹を肥やしていたから、民は不満を抱えていたという。そして、極めつけが蘇我氏の専横ということになる。

◉──大化改新で統治システムは劇的に変わっていない？

『日本書紀』大化三年（六四七）四月二十六日条にも、先の記事と関連する詔がある。

天地のはじめから天皇が君臨してきたのが、この国だ。始治国皇祖《はつくにしらししすめみおや》（初代神武天皇）の時から天下の民はみな平等で、分け隔てがなかった。ところがこの頃、神の名や歴代天皇の名を元に分かれて、臣や連の氏となり、造などの名称になった。このため、民たちはこれらの区別に固執し、互いを意識して対立し、それぞれの名を守っている。未熟な臣や連、伴造・国造は、

自身の姓の元となった神や王の名を、思いつくままみだりに方々の場所につけている。神や王の名がワイロとされ、よそさまの奴婢《ぬひ》に入り交じって、清い名を汚し、人びとは混乱し、国のマツリゴトは困難になる

王家に対する忠誠よりも、氏ごとの帰属意識、紐帯《ちゅうたい》が強く、争いが絶えないといっている。このような旧弊を取り除こうとした運動が、大化改新だというのだ。熊谷公男の言葉を借りるなら、「多元的であった君臣関係を一元化しなければならない」（前掲書）ということになる。旧態依然とした統治システムが、刷新されなければならない段階に至っていたとしている。

哲学者でありながら古代史をめぐる斬新なアイディアを提供し、史学界に衝撃を与えた梅原猛でさえ、似たような意見を述べている。

時代は大きな変貌《へんぼう》を求めていたにちがいない。何百年の間、日本がそれによって支配されてきた氏族制度は、正にさまざまな危険を暴露しはじめていたにちがいない。土地公有制をはじめ、何らかの意味の革命が日本に要請されていたにちがいない。鎌足は気運を十分とらえることが出来たのである（『隠された十字架』新潮文庫）

残念なことだと思う。みな、『日本書紀』のワナにはまっている。『日本書紀』の構築した巧妙なカラクリに、だまされていると思う。

制度史的にみれば、統治システムの刷新が求められたという話はすでに五世紀半ばに求められていたのであり、それを長い年月をかけてみなが苦労して変えようとしてきたのであり、大化改新によって大変化が起きたわけではない。そこに気付いていない。

中大兄皇子と中臣鎌足が革命家で、世直しをしたという発想は、『日本書紀』が提示したもので、なんの根拠や検証もなく「政府の見解」を妄信してしまったわけだ。

門脇禎二が疑念を持ったように、孝徳天皇は「親蘇我派」で、前政権の人事を継承している。中大兄皇子と中臣鎌足は、孝徳政権内で、ほぼ活躍していない。「そんな証拠どこにある」といわれても、むしろこちらが困惑してしまう。「『日本書紀』のどこに、孝徳朝で活躍した中大兄皇子と中臣鎌足の姿が描かれているのですか」と、問いかえさざるを得ない。

とても不思議なことなのだ。孝徳天皇が即位して没するまで、中大兄皇子と中臣鎌足コンビは、何もやっていない。一度だけ、天皇に意見を具申しているが、乙巳の変で大悪人蘇我入鹿を殺し、「世直しをした英雄」としては、じつに不甲斐ない。

●——中大兄皇子は孝徳朝で活躍していたのか？

孝徳朝における中大兄皇子の活躍を、掘り下げてみたい。

大きな疑問のひとつは、なぜクーデターの主役・中大兄皇子は、すぐに即位しなかったのか、ということだ。

改新政府の当初の顔ぶれは、孝徳天皇を筆頭に、皇太子・中大兄皇子、左大臣・阿倍倉梯麻《あべのくらはしま》呂《ろ》、右大臣・蘇我倉山田石川麻呂、内臣《うちつおみ》・中臣鎌足、国博士・旻法師《みんほうし》、高向玄理《たかむくのくろまろ》となるが、田村圓澄《たむらえんちょう》は、「二元的形態」だったと推理している。天皇から左大臣、右大臣とつながるラインは公的で、皇太子から内臣、国博士のラインは私的な政治顧問で、補佐官だったというのである（『藤原鎌足』塙新書）。中大兄皇子が蘇我入鹿暗殺最大の功労者だったにもかかわらず即位せず、皇太子の地位に甘んじていたのは、執政者としての立場に残りたかったからで、皇太子の地位に留まることで実権を得て、辣腕を振るいたかったということになる。

入鹿暗殺後の政権は中大兄皇子と中臣鎌足の立案したプログラム通り推移したと、田村圓澄は考える。これは、推古《すいこ》天皇が甥の厩戸皇子《うまやどのみこ》（聖徳太子）を皇太子に立て、自身は不執政の座に上り、聖徳太子は摂政となった時とそっくりだという。摂政は天皇に成り代わって実務、政治を動かすポジションであり、中大兄皇子は、まさに聖徳太子と同じ地位に立ったというわけである。

北村文治は『大化改新の基礎的研究』（吉川弘文館）の中で、大化改新ののちの四半世紀は、中大兄皇子と中臣鎌足のふたりのコンビの政権とする田村圓澄の推理を尊重しつつも、中臣鎌足の「内臣」を私的補佐官とする考えには否定的で、天皇や皇太子の公的な側近や補佐官だったといい、「政務上の全権者」だったという。大臣や大連が身分的性格が強く、逆に「内臣」こそ、公的官職的性格は強いというのだ。

また、史料が乏しく、中臣鎌足の地位はよく分からないとしながらも、

> 中央官府の組織もできていない政治状況において、たんに皇太子の私的補佐官であることに甘んじたかどうかは大いに疑問としなければならないと思う（前掲書）

という。中臣鎌足の活躍を、『日本書紀』の記事以上に評価している。

中大兄皇子と中臣鎌足が孝徳朝で、むしろ天皇よりも強い権限をもって改革に臨んでいたという発想だ。

しかし、すでに触れたように、中大兄皇子と中臣鎌足のコンビは、孝徳天皇が完成を急いだ

難波長柄豊碕宮を捨てている。のちの都城の原型となった難波長柄豊碕宮は、律令整備の第一歩であり、田村圓澄の発想に従えば、むしろ宮の整備と維持は、皇太子の中大兄皇子らが率先して行うべきであったし、これを捨ててしまう道理が分からない。

その一方で、すでに触れたように、難波遷都の兆候はすでに蘇我入鹿存命中に起きていたと『日本書紀』は言っている。これは、「蘇我氏がすでに律令整備の基礎固めをしていたことを明示できなかったがゆえの、『日本書紀』編者の悪知恵」と解釈すればよいだけの話だ。中大兄皇子と中臣鎌足は、むしろ反動勢力だったとしか思えない。

◉蘇我氏は物部氏の土地を簒奪したのか

蘇我氏はその全盛期に、屯倉整備に奔走していた。屯倉は皇族の直轄領であり、王家に富が集まり、相対的な力を蓄えることによって広大な土地を私有する豪族と肩を並べ、改革を推し進めるための原動力にしたのだ。蘇我氏が王家を盛り立てているという、これまでの常識とは逆の現象が起きていたわけだが、それは、中央集権国家造り、律令整備に向けての布石だろう。

蘇我氏の功績を明らかにするために求められるのは、物部氏と蘇我氏の本当の関係なのだ。両者は犬猿の仲にあったと信じられているが、それは本当だろうか。

『日本書紀』は、蘇我馬子が物部系の女性を娶り、その財力と計略によって権力を獲得したと言っている。加藤謙吉は物部氏を「政治的にも経済的にもきわめて巨大であった」と位置づけ（これは事実）、日本各地に土地を所有していたと指摘し、次のように述べている。

> 蘇我氏単独の力では、物部氏に立ち向かうにはあまりにも劣弱であり、利害関係を等しくする他の諸勢力を糾合して、連合的な反物部体制を王権内に作りあげることが蘇我氏に付せられた緊急の課題であったと思われる（『蘇我氏と大和王権』吉川弘文館）

その上で、「ソガ部」の日本各地の分布域を調べ上げ、多くの場所で「物部」と重なっていること、結果、蘇我氏が物部氏の所有していた土地に進出し、領地を簒奪していたのではないかと推理したのだった。重複率は五十三・六パーセントを占め、他の豪族とは隔絶していて、「蘇我氏と物部氏の地方進出をめぐって、そこに人為的・歴史的な関係が何らかの形で存在した」「物部守屋滅亡後、蘇我氏が物部氏の保有した種々の権益に対して行った侵略行為はかなり露骨なものであったと考えなければならない」という。『日本書紀』に言うところの蘇我氏の専横と、重なって見えてくる。しかし、ここは冷静に見つめ直そう。

律令制度は土地改革を含んでいた（これがおおきなウェイトを占めていた）から、広大な土地を所有し、既得権益を振りかざす豪族たちは「土地は一度国があずかる」という改革案を、そう簡単に受け入れるはずがなかった。そして、古代最大の豪族・物部氏を説得しなければ、律令制度など、絵に描いた餅だったのだ。当然、物部氏は反発しただろうし、物部の中でも、色々な議論が交わされただろう。蘇我氏による物部守屋討伐軍に皇族たちも加わったことは、この内戦が「仏教導入をめぐる争い」だけが争点ではなかったことを示している。

そして、蘇我氏が物部氏の領地に進出したのも、律令整備の一環だったと考えれば、納得がいく。最大の豪族物部氏が納得すれば、中小の豪族も従わざるをえなくなるだろうから、蘇我氏は「一点突破」を目指したのだろう。

◉――物部氏が蘇我氏を非難していない

平安時代に記された物部系の歴史書『先代旧事本紀《せんだいくじほんぎ》』には、蘇我馬子に嫁いだ物部鎌姫大刀《もののべのかまひめのおおと》自連公《じのむらじきみ》なる人物が「参政《まつりごとあずかり》」となり、多大な影響力を持っていたこと、馬子との間に男子が生まれていて、それが「豊浦大臣《とゆらのおおきみ》（蝦夷か入鹿だが、入鹿と思われる）」だった系譜を、自慢気に掲げている。

『日本書紀』が大悪人と罵った蘇我本宗家に物部の血が混じっていたことを、隠そうとしていない。もし、加藤謙吉が述べるように、蘇我氏が物部氏の土地を奪い去っていったとしたら、このような記事が残されただろうか。少なくとも、『先代旧事本紀』は蘇我氏を罵倒していないし、「大悪人だった」と記録していない。

『元興寺《がんごうじ》伽藍《がらん》縁起《えんぎ》幷《ならびに》流記《るき》資財帳《しざいちょう》』にも、興味深い記事が載る。「大々王」なる謎の女性が登場していて、一般には推古《すいこ》天皇ではないかと考えられているのだが、大々王は聖徳太子に「わが子よ」と語りかけ、さらに、物部氏に向かって、「わが眷属《けんぞく》（一族）よ」と呼びかけている。『日本書紀』の推古天皇とは、すべてが重ならない。問題は、大々王が一族（物部氏ら）に向かって、仏教排斥の罪を懺悔させ、「こののちは、心を改めよ」と訴えていることだ。そして、物部氏は、この説得に応じたと結んでいる。要は、ここで物部氏は「大々王」なる謎の物部系の女傑の仲介によって、蘇我氏と手打ちをしたというのだ。それを、蘇我氏が建立した、蘇我氏の心の拠り所である元興寺《がんごうじ》（奈良市。ただし、元々は飛鳥の法興寺、飛鳥寺）が記録していたわけである。

これら物部氏と蘇我氏の双方の言い分を聞けば、『日本書紀』のウソが見えてくる。そして、蘇我氏が改革の邪魔をし、物部氏は蘇我氏にうまいように利用され、土地を奪われたという発想は、もはや通用しないことに気付かされるのである。

蘇我氏見直し論は、方々から提出されている。

平成十九年（二〇〇七）七月二日にＮＨＫ総合テレビで放映された「ＮＨＫスペシャル　大化改新　隠された真相～飛鳥発掘調査報告～」のディレクターだった谷口雅一は、蘇我氏悪人説を当然信じていたが、『日本書紀』の聖徳太子（厩戸皇子）をめぐる記述を「虚心に」読んでいくと、疑念を抱いたという。すなわち、蘇我馬子が悪人に見えなくなってきたという。「むしろ太子と一心同体に政策を推し進める馬子の存在が見え隠れした」といい、両者が対立したと読むことは無理があると指摘し、次のように述べている。

> 『日本書紀』の蘇我氏、とりわけ蝦夷・入鹿に対する記述は、あまりに一面的で偏ったものではないか。むしろ、蘇我氏こそ大陸情勢に最も精通した開明的豪族だったのではないか。飛鳥での発掘成果は、天皇家との対立ではなく、共存を目指していたことを物語っているのではないか。「大化改新」は、蘇我氏を貶めるための物語にすぎず、その内実は、反動的クーデターだったのではないか……（『「大化改新」隠された真相』ダイヤモンド社）。

その通りだと思う。先入観抜きに『日本書紀』の原文を読みなおせば、このような感想を抱かざるをえない。これを「素人の浅知恵」などと軽視するのは、権威にすがらないと生きていけない人の感想であり、それこそ歴史の真相を見誤ることになりかねない。

●大化改新は孝徳天皇が仕掛けた？

遠山美都男は『大化改新』（中公新書）の中で、興味深い指摘をしている。

> 「大化改新詔」については意見を異にするはずの「改新肯定論」「改新否定論」が、ことクーデターに関しては事実関係を共有しているという奇妙ななれ合いに、問題の本質がかくされているのではないかと考えた

この指摘は無視できない。大化改新が画期的な事業の始まりだったのか、あるいは、すでに改革事業は始まっていて、事業は継続中だったのに、『日本書紀』が大仰に事件を記録したのか、どちらの考えを採るにせよ、蘇我本宗家が滅亡に追い込まれた理由に関して言えば、深く考えられてこなかったのは解せない。この点、遠山美都男の指摘は正しい。

ただし、筆者は遠山美都男の大化改新にまつわる以下の推理を全面的に支持しているわけではない。

蘇我本宗家が滅ぼされたのは、軽皇子（のちの孝徳天皇）を即位させようと画策したグルー

皇室関係系図

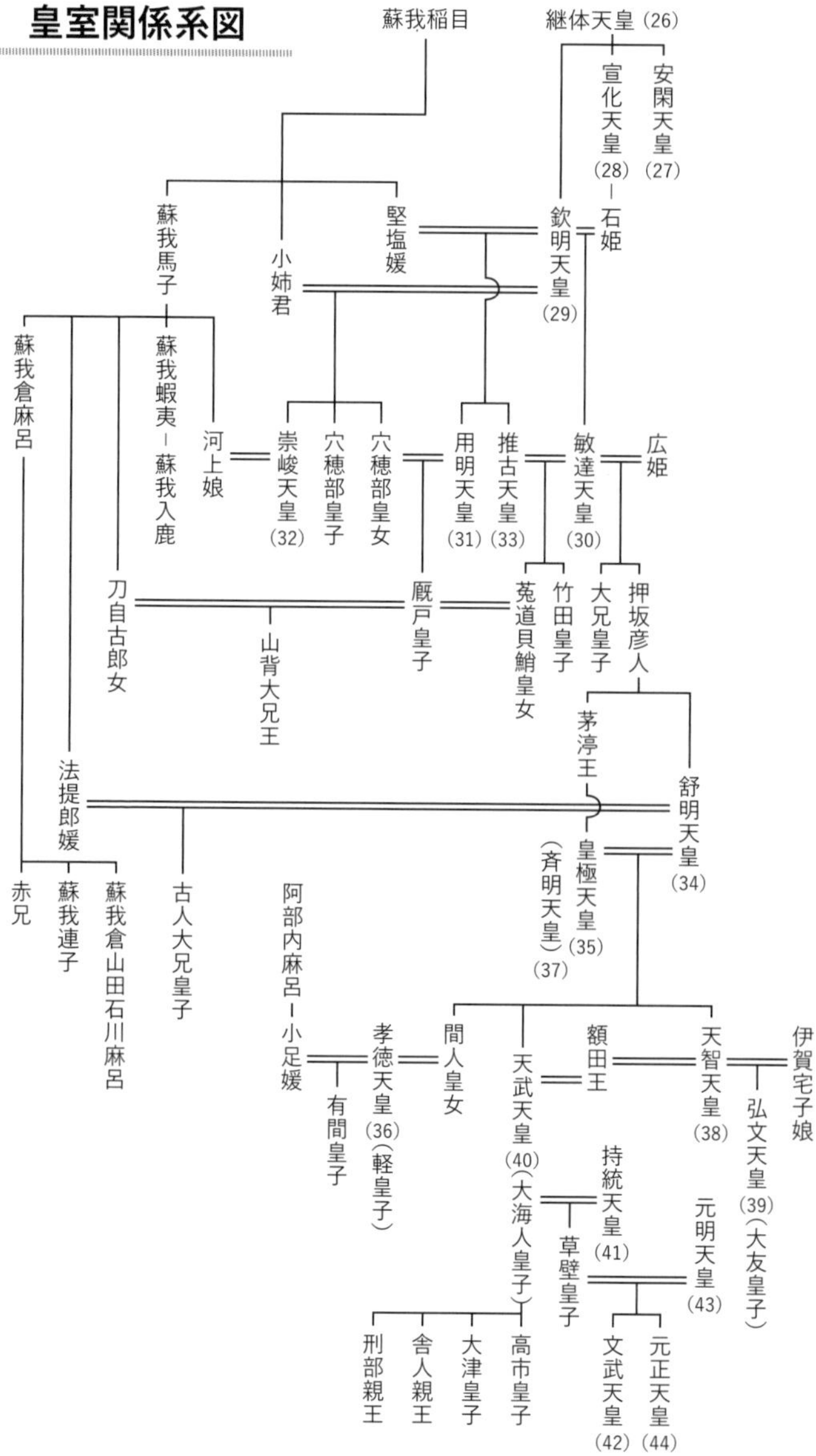

蘇我稲目
継体天皇（26）
宣化天皇（28）
安閑天皇（27）
石姫
欽明天皇（29）
堅塩媛
小姉君
蘇我馬子
蘇我倉麻呂
蘇我蝦夷
蘇我入鹿
河上娘
崇峻天皇（32）
穴穂部皇子
穴穂部皇女
用明天皇（31）
推古天皇（33）
敏達天皇（30）
広姫
刀自古郎女
山背大兄王
厩戸皇子
菟道貝鮹皇女
竹田皇子
大兄皇子
押坂彦人
茅渟王
舒明天皇（34）
法提郎媛
古人大兄皇子
皇極天皇（35）（斉明天皇）（37）
赤兄
蘇我連子
蘇我倉山田石川麻呂
阿部内麻呂
小足媛
有間皇子
孝徳天皇（36）（軽皇子）
間人皇女
天武天皇（40）（大海人皇子）
額田王
天智天皇（38）
伊賀宅子娘
弘文天皇（39）（大友皇子）
持統天皇（41）
草壁皇子
元明天皇（43）
刑部親王
舎人親王
大津皇子
高市皇子
文武天皇（42）
元正天皇（44）

プが、古人大兄皇子の即位を願った蘇我本宗家を潰しにいった事件だとする。「皇極から孝徳へという我が国史上最初の計画的な生前譲位を断行しようとしたもの」という。国政改革は目標に掲げられていたわけではなく、蘇我本宗家が王家の外戚として実権を握り続けていたために、葬り去られたということになる。また、中大兄皇子が目立つのは、事件の本質を隠すためだともいう。

王家にとって「譲位」は重要な意味を持っていた。これが「人事権」にかかわる問題だからだ。権力の最たるものは人事権であり、しかも「王位の人事」だから、特別大きな意味を持つことは理解できるし、事実平安時代後期に「院《いん》（上皇）」が独裁権力を握ることが出来たのも、「次の天皇を指名する特権」を譲位する天皇が行使することで、力を得られることを王家が「発見」してしまったからだ。

逆に、そう考えると、遠山説に従えば、この時点で王家が絶大な権力を獲得したと推理することが可能だが、のちの時代の天武天皇とは異なり、孝徳天皇は左右大臣に、親蘇我派の実力のある豪族を取り立てている。決して王が強大な権力を握っていたわけではない。その人たちが次々と世を去り、孝徳朝の権勢は凋落し、白雉四年（六五三）夏五月、ブレーンの旻法師が阿曇寺《あずみでら》（大阪市中央区）で病の床に伏せると、孝徳天皇は見舞い、手を取って、

「もし今日法師が亡くなれば、朕《わたし》も法師に従って明日死ぬだろう」

と、発言している。とても、独裁権力を握った王とも思えない気弱な言葉ではないか。そして、この年、中大兄皇子は倭京《やまとのみやこ》（飛鳥）に戻ることを献策した。孝徳が断ったため、中大兄皇子は主だったものを引き連れて、飛鳥に移ってしまったのだ。孝徳天皇は恨み、王位を去ろうとさえ考え、宮を山碕（京都府乙訓郡山崎町）に遷した。これは余談だが、翌年の元旦に、ネズミが難波から飛鳥に向かって移ったと『日本書紀』は記録している。また、白雉五年（六五四）冬十月、孝徳天皇は難波で亡くなり、十二月、老人が、「ネズミがヤマトに向かったのは、都を遷す兆しだったのだ」と語ったと『日本書紀』は記録する。明くる年の正月、中大兄皇子の母が重祚《ちょうそ》（一度即位した天皇がいったん譲位し、のちにふたたび即位することをいう）した（皇極が斉明に）。

「強い王」だったはずの孝徳天皇の、悲しい晩年であり、とても、孝徳天皇が独裁権力を握っていたとは思えないのであり、遠山説には無理がある。

◉——どのようにして『日本書紀』は改革者を大悪人にすり替えたのか

とは言っても、蘇我見直し論が盛んになってくると、反動で慎重論も、当然提出されるようになった。たとえば村《む》井《い》康彦《やすひこ》は、『律令制の虚実』の中で、「蘇我氏の立場を一貫して開明的とみる——意識的に、無意識的に——近時の見方に多少の疑義を抱いている」と述べる。渡来系帰化人を重用して、開明的な姿勢をみせていたと考えられるようになってきたが、多くの新来の知識や文物が中国や朝鮮半島からもたらされ、それを蘇我氏が独占したわけではなく、「生産力や知的能力」は、相対的に低下していったというのである。

　しかし、状況証拠は、蘇我氏の正義を証明していると思うし、『日本書紀』の仕掛けた「蘇我氏を大悪人に仕立て上げるカラクリ」も、このあと解説していく。ヤマト政権の中央集権化への歩みは、蘇我氏の努力なしには成し遂げられなかっただろう。古代最大の豪族・物部氏と対立し、のちに融合していったのは、蘇我氏が体を張って、改革事業を押し進めたからにほかなるまい。蘇我入鹿を殺した中大兄皇子と中臣鎌足が孝徳政権でほとんど活躍の場を与えられず、孝徳天皇崩御ののち実権を得た中大兄皇子がしでかしたのは、無謀で、誰もが反発した百済救援で、日本は滅亡の危機を味わった。当時の東アジア情勢の中で、一度滅亡していた百済に肩入れするのは愚挙といってよく、だからこそ、民衆は中大兄皇子を罵倒したわけだ（『日本書紀』）。

　直近の東アジア情勢を冷静に分析できなかったのが中大兄皇子と中臣鎌足であり、全方位外交を展開していた蘇我本宗家の方針は間違っていなかったわけで、蘇我氏の「知的能力が相対的に低下していた」という話を、そのまま受け入れることはできないし、蘇我氏はかつての常識とは裏腹に、開明派で改革派とみなすべきだろう。彼らは、「仕事ができる」「多くの人に期待された」からこそ、恐れられ、邪魔にされ、消されたのだろう。

ならば、『日本書紀』はどのようにして、本来改革派だった蘇我氏を、真逆の大悪人に仕立て上げることが出来たのか、その方法を知りたくなる。そしてこれが、大化改新の最大の謎と言っても過言ではないし、この問題提起が、なぜこれまでされてこなかったのか、かえって謎めくのである。「蘇我氏は悪くなかった」「蘇我氏は改革派だった可能性が高い」と考えられるようになったのなら、「なぜ、どうやって、大悪人にすり替えられたのか」という謎解きの方法も、あったはずなのである。

『日本書紀』は、どのようなトリックを駆使して、本来改革派だった蘇我氏を反動勢力にすり替え、しかも、天下の大悪人に仕立て上げることができたのだろう。

トリックは、意外に単純だったと思う。謎を解く鍵は、厩戸皇子（聖徳太子）と子の山背大《やましろのおお》兄《えのみこ》王、そして、上宮王家である。

●──この世の人とは思えないほどの聖者

聖徳太子は謎めく。気味が悪い。

在俗の為政者でありながら、『日本書紀』は「この世の人とは思えないほどの聖者」として描かれる。異能の者でもある。このように礼讃される人物は、『日本書紀』の中で聖徳太子だけだ。即位した天皇でさえ、これほど褒めたたえられている例はない。ここに、大きな秘密が隠されているはずなのだ。

『日本書紀』推古元年（五九三）夏四月条に、次の記事がある。

推古天皇は厩戸皇子（以下、聖徳太子）を皇太子とし、摂政にして万機を委ねた。聖徳太子の母は用明《ようめい》天皇の皇后・穴穂部間人皇女《あなほべのはしひとのひめみこ》で、皇后の出産予定日に宮をめぐり、各役所を観て回った時、馬屋の戸にあたって、その拍子に難なく聖徳太子を生んだ（ちなみにこの話、当時中国に伝わっていたキリスト教の一派「景教《けいきょう》」の影響を受けているとされている）。聖徳太子は生まれた直後から言葉を発し、聖《ひじり》の智があった。成長するに及び、一度に十人の訴えを聞き漏らさず、予知能力さえあった。

高句麗の僧・慧慈《えじ》に仏教を習い、儒教の経典も学んだ。用明天皇は聖徳太子を愛し、宮の南（上宮）に住まわせた。そこでその名を称えて、上宮厩戸豊聡耳太子《かみつみやのうまやとのとよとみみのひつぎのみこ》と呼ぶようになった。

推古二十一年（六一三）十二月、皇太子（聖徳太子）は片岡（現在の香芝市今泉）に遊行《ゆぎょう》した。そこで行き倒れの男に服を与えた。その男は飢え死にしたのだが、聖徳太子は哀しみ、墓に埋葬させた。聖徳太子はその男を真人《まひと》（道教の奥義を悟った人）と見抜き、もう一度墓を観にいかせた。すると、遺骸はなく、棺の上に服がたたんで置いてあった。時の人は大いに怪しみ、

「聖が聖を知るとは、本当のことなのだなあ」

と、感心し、畏《かしこ》まった。

推古二十九年（六二一）に聖徳太子は斑鳩宮で亡くなる。その時の『日本書紀』の記事が、じつに大袈裟だ。

この時、諸王・諸臣、天下の百姓たちは悲嘆に暮れた。老人は愛しい子を失ったように哀しみ、塩や酢をなめても味が分からなかった。子供たちは父母を亡くしたように哀しみ、泣き叫ぶ声がちまたにあふれた。田を耕す男は鋤《すき》をとることをやめ、米をつく女は杵《きね》の音をさせなくなった。みな、「日月は光を失い、天地は崩れ去ったようだ。ここから先、いったい誰を頼っていけば良いのだろう」といった。高麗（高句麗）の僧・慧慈《えじ》は、聖徳太子の薨去《こうきょ》の報に接し、設斎して経を説き、次のように請願した。

「日本国に聖人がいました。上宮豊聡耳皇子《かみつみやのとよとみみのみこ》と申し上げます。優れた資質を持ち、きわめて深い玄聖《げんせい》の徳《とく》（玄妙な徳を備え、深遠な自然の道を体得した聖人）を備え、日本国にお生まれになった。三代（中国の古代王朝、夏《か》・殷《いん》・周）の聖天子にも劣らず、先帝（歴代天皇）の大

きな業績を継承され、三宝《さんぼう》（仏教）を敬い、人びとの苦しみを救われた。この方こそ本当の大聖（仏道の悟りを開いた人）です。今、すでに太子は亡くなられた。私は異国の地にあっても、心は太子と固く結ばれています。ひとり生き残っても、なんの益がありましょう。私は来年の二月五日にきっと死ぬでしょう。そして、太子と浄土で再会し、ともに衆生に仏教を広めるだろう」

　この誓願通り、慧慈は亡くなった。時の人は誰もみな、

「ひとり上宮太子だけが聖であられたのではなく、慧慈もまた聖でした」

と、語った……。

　くり返すが、聖徳太子は在俗の為政者で、出家したわけではない。それにもかかわらず、『日本書紀』はなぜ、ここまで聖徳太子を礼讃し、聖者として描いたのだろう。

●――なぜ山背大兄王は斑鳩で自滅したのか

『日本書紀』が残した聖徳太子の記事は、異常だと思う。ここには、何かしらの秘密が隠されているはずだ。

そこで注目しておきたいのが、聖徳太子の子の山背大兄王のことだ。蘇我入鹿が暗殺された時、中大兄皇子は、「蘇我入鹿が王家を蔑ろにした」と叫び、具体例は、山背大兄王の親族、聖徳太子の子や孫（上宮王家）を蘇我入鹿が滅亡に追い込んだ事件だった。最大の大義名分に掲げていたのだ。

その一方で、『日本書紀』の上宮王家滅亡事件の記事は、不自然だった。たとえば、最初の襲撃を逃れるために、馬の骨を館に用意し、それであたかも一族は滅んだと信じ込ませたとあるが、現実に馬の骨が転がっていて（館が焼け落ちたとしても）、それを人間と思うはずがない（それとも、一族みな馬面だったのか?）。「厩戸皇子の一族だから馬」という語呂合わせの頓知でしかない。

生駒山に逃れた山背大兄王に対し、「挙兵すれば勝てる」と進言する者がいたが、「人びとに迷惑をかけるから」と、斑鳩にもどり、自滅の道を選んだ。この話も不自然だ。死ぬにしても、なぜ一族を道連れにする必要があったのだろう。山背大兄王の判断によって、聖徳太子の家系は、途絶えることになった。きれいさっぱり、消えたのだ。

そして、一族滅亡の様子も、お伽話めいていて、信用できない。現実にはありえないシチュエーションが用意されている。

さらに怪しいのは、事件現場となった法隆寺で、山背大兄王一族を弔った様子が平安時代までないことだ。しかも、一族の墓が、どこにも見当たらないというのも、不自然だ。悲劇的な事件であり、丁重に祀られるのが普通だ。仮に、蘇我独裁体制で墓を造ることが憚《はばか》られたとしても、蘇我氏が衰退した時点で、それこそ天智天皇らがこれみよがしに、「蘇我入鹿のために滅亡に追い込まれた人たちの御陵」と称して、「政治的な演出」を用意しただろう。あるいは、祟りにおびえた蘇我本宗家が、山背大兄王一族の鎮魂をしていたはずなのだ。

法隆寺の話が出て来たのでついでまでに梅原猛の仮説も、ここで触れておきたい。

謎の多い法隆寺なのだが、東院伽藍《がらん》（夢殿《ゆめどの》）の太子等身像とされる救世観音《ぐぜかんのん》の後頭部に直接光背が打ち込まれているのは、聖徳太子の怨霊を封じこめるためではないかと、梅原猛は推理した。

実際、明治時代まで救世観音は秘仏にされ、厨子の扉は閉じられ、ミイラのように布でぐるぐる巻きにされていたのだ。厨子から出せば、天変地異が起きると寺僧たちは信じていたが、フェノロサや岡倉覚三（天心）らの手で、ようやく姿を現したのだった。

これも、聖徳太子の怨霊を封じこめるためだったと、梅原猛は推理した。しかも、聖徳太子の怨念を恐れたのは、藤原氏だったというのである。

山背大兄王を襲ったのは蘇我入鹿だったが、これには黒幕がいて、それが中臣鎌足だったというのだ。そして、藤原不比等の四人の男子（藤原四子。武智麻呂《むちまろ》、房前《ふささき》、宇合《うまかい》、麻呂《まろ》）が天平九年（七三七）に天然痘の病魔に襲われ、全滅したが、これを藤原氏は、聖徳太子の祟りと恐れ、法隆寺を丁重に祀りはじめたという（藤原不比等の娘の光明子《こうみょうし》たちが祀ったことは事実）。中臣鎌足が蘇我入鹿をそそのかしていたから、聖徳太子は藤原氏を恨んでいたというのである。

しかし、上宮王家滅亡事件から藤原四子の滅亡まで、九十数年の年月が流れている。天然痘の病魔に襲われたとき、そんな昔の話を蒸し返すだろうか。

八世紀の半ばに藤原氏が法隆寺を特別視しはじめるきっかけは別にあった。それは、藤原四子が天平元年（七二九）に罪もない長屋王一家を滅亡に追い込んだことだ。それから八年後に天然痘が都を襲ったから、みな震え上がったのだ。

問題は、なぜ長屋王の祟りを恐れた光明子たちが、法隆寺を重視したのか、ということだ。それは、じつに簡単なことで、長屋王の祖父・天武天皇が「親蘇我派」で、藤原氏は「蘇我の恨み」をひとくくりにして、法隆寺に封じこめていたのである。

ちなみに、天皇家の菩提寺として名高い泉涌寺《せんにゅうじ》（京都市東山区）では、天武系の天皇を無視している。それは、天武系が親蘇我派だったからにほかならない。この話は、次回の「壬申の乱」の巻でお話しする。

●――『日本書紀』は藤原不比等の強い意志を反映している

蘇我入鹿暗殺最大の大義名分が上宮王家滅亡事件なのだが、ここに、不可解な謎が横たわる。山背大兄王とは、何者なのだろう。そして、なぜ、戦えば勝てるのに、一家全滅の道を選んだのか……。

戦後の史学界は、この山背大兄王の行動を「平和主義者」「凡人には出来ない偉業」と称えたが、それこそ、平和ボケ的発想である。逃げれば助かると分かっているのに、死地に一族を連れ込むという発想自体が、理解不能だ。そもそも、墓がないのは、彼ら一族が、最初からいなかったからではあるまいか。

「まさか?」

と思われるだろうか。

一度、発想を変えてみよう。

くどいようだが、『日本書紀』は中臣鎌足の子の藤原不比等が実権を掌握した段階で、編纂された。

史学者の多くは、この時点で藤原不比等には、特別な権力が与えられていなかったと指摘するが、『日本書紀』編纂の十年前に平城京遷都が敢行され、藤原不比等は、「本当の権力者は藤原氏」ということを、人びとに見せつけている。それが、外京《げきょう》だ。

一般的な都城は、左右（東西）対称に造られる。ところが平城京は、東北の隅に、東側に向けた出っ張りがある。これが外京で、現在の近鉄奈良駅や県庁の周辺で、繁華街になっている。なぜ外京が領域がいまだに発展しているかというと、ここが「平城京を見下ろす高台」になっているからで、平城京の中で最も地の利の良い場所だった。そして、藤原氏が、この高台に居座った。藤原氏の興福寺や春日大社が建立されたのだ。天皇のおわします平城宮から見上げる場所で、藤原不比等は、都を睥睨《へいげい》していたわけである。

また、藤原氏の氏寺・興福寺の南側の一段下がった土地に、飛鳥から蘇我氏の法興寺を移転させた（法興寺は抵抗したが）。その上で、寺の名を「元興寺」にして、もはや「過去の権威にすぎない」ことをアピールしたのだった。興福寺から見下せる場所に、わざわざ蘇我氏の寺をもってきた。

平城京遷都に際し、左大臣（朝堂トップ）だった石上《いそのかみ》（物部）麻呂《まろ》を、旧都（新益京《あらましのみやこ》・藤原宮）の留守居役に命じて捨てた。ナンバーツーの右大臣・藤原不比等が、実質的なトップに立ったのだ。どう考えても、平城京は藤原氏のための都で、遷都とほぼ同時に、藤原不比等の世が到来した。そして、正史の編纂が進められたのだから、『日本書紀』は藤原不比等の強い意志が反映されていたとみなさざるを得ないのである。

そして問題は、『日本書紀』の聖徳太子や山背大兄王の記事である。

謎めく聖徳太子

聖徳太子は謎めく。『日本書紀』は実在の人物だったと記録するが、神話じみた話を取り除いていくと、実像がだんだん小さくなっていく。

必要以上に多くの名で呼ばれているのも不可解だ。『日本書紀』は、厩戸皇子、豊聡耳聖徳《とよとみみしょうとく》、豊聡耳法大王《とよとみみのりのおおきみ》、法主王《のりのうしのおおきみ》、厩戸豊聡耳皇子《うまやどのとよとみみのみこ》、上宮厩戸豊聡耳皇子《うえつみやのうまやどのとよとみみのみこ》などの名を挙げる。一つの文書の中でこれだけ異なる名を用意する必要が、どこにあるのだろう。

聖徳太子は架空の存在ではないかと疑う学者も出現した。大山誠一《おおやませいいち》は『聖徳太子の誕生』（吉川弘文館）の中で、厩戸王（厩戸皇子）は実在したかもしれないが、彼が聖人で聖徳太子のような人物だったかというと、じつに心許ないと指摘している（ちなみに、「聖徳太子」という名は、後世につけられた名。『日本書紀』に「聖徳太子」は登場しない）。その上で、厩戸王をめぐって確かめられる確実な情報は、次の三つだといっている。要約する。

①用明天皇と穴穂部間人皇女《あなほべのはしひとのひめみこ》との間の子
②厩戸の呼称は生年の干支に基づいている
③推古九年（六〇一）に斑鳩宮を造り、その後斑鳩寺（法隆寺）を建立した

これに対し、「冠位十二階と憲法十七条があるではないか」と、反論が出るかもしれない。しかし、『日本書紀』は「聖徳太子が冠位十二階をつくった」と明示していない。あくまで「推古女帝の治政」の一環として、冠位十二階が登場している。憲法十七条に関しても、文面にのちの時代に手を加えられた可能性が高く、そのまま聖徳太子が作っていたかどうか（古い形の何かが残っていて、それに手が加えられたのかどうか）も、はっきりと分かっていない。

ちなみに、遣隋使も不可解だ。推古十五年（六〇七）秋七月、小野妹子《おののいもこ》が隋にさし向けられた。そして翌年の夏四月、小野妹子は隋からもどってきた。隋使・裴世清《はいせいせい》は筑紫にいたり、六月に難波津《なにわつ》、秋八月三日に、飛鳥にやってきた。船の終着点海柘榴市《つばいち》の衢《ちまた》（桜井市）には飾馬七十五匹が用意され、歓待した。八月十二日、裴世清らは宮中に招かれた。裴世清はここで手土産を庭に置き、隋の皇帝からの親書を読みあげた……。『日本書紀』の不可解な記事は、ここから先だ。

二人の役人が進み出てその親書を受けとると、「大門《みかど》」の前の机の上に置いてすべての儀式は終わり、裴世清は退いた。この時、皇子、諸王、諸臣たちは、みな金で作った飾りを冠に着けていた……。

何が不思議かというと、ヤマト政権の輝かしい外交戦の主役の推古女帝と聖徳太子の名が、明記されなかったことだ。「大門の前に親書は置かれた」とあるが、これは宮の「大門」とも解すことが出来る。推古天皇と聖徳太子は、その場にいたはずなのに、なぜ『日本書紀』は、明記しなかったのだろう。

●―対隋外交記事に登場しない聖徳太子

ちなみに、『隋書』倭国伝には、小野妹子が隋に赴いたとき、倭国王の国書が届けられたことを記録している。そこには有名なつぎの一節が記されていた。

日出づる処《ところ》の天子、書を日没する処の天子に致す。つつがなきや云々《うんぬん》隋の皇帝を不機嫌にさせたというこの国書の解釈は、いくつもなされているが、『日本書紀』は、異なる文面を残している。

東の天皇、敬《つつし》みて西の皇帝に曰《もう》す

なぜ『日本書紀』は、撥剌《はつらつ》とした「日出づる処の天子……」の一節を記録しなかったのだろう。

それだけではない。裴世清は帰国後、次の報告をしている。

その王（ヤマトの王。『日本書紀』を信じれば、推古女帝）は裴世清に会い、大いに喜んで、次のように語った。

「私は聞いている。海の西に大隋という礼儀の国のあることを。そこでこうして朝貢したのです。われわれは野蛮人で、海の片隅に暮らし礼儀をわきまえません。よっていままで、島の中から外に出ようとはしなかったのです。今こうして、道を整備し、館を飾り、ようやく大使（裴世清）をお迎えすることになりました。できることならば、大国の維新の化《け》をお聞かせ願いたい」

裴世清はこれに応え、方物を与えた……。

ヤマトの王は饒舌だったのだ。しかし、『日本書紀』は、両者の会話を記録していない。そして問題は、裴世清が「日本の王は女性でした」と、報告していないことだ。中国では女王はきわめて稀で、則天《そくてん》武后《ぶこう》（在位六九〇～七〇五）は、牝朝《ひんちょう》と蔑《さげす》まれて呼ばれている。ならばなぜ、「女王」の話をしなかったのだろう……。

聖徳太子の時代の歴史には、無数の謎が隠されている。そして、『日本書紀』は、聖徳太子を称賛しておきながら、なぜか肝心の外交戦の舞台で、名を挙げなかった。不可解きわまりない。

田中嗣人《たなかつぐひと》は『聖徳太子信仰の成立』（吉川弘文館）の中で、

> 聖徳太子の研究がきわめて難しいとされる所以《ゆえん》は、その史料・文献の豊富さにもかかわらず、太子の真の事績と認定しうる確実な史料がきわめて乏しいところにある

といっている。その原因は、聖徳太子が亡くなってすぐ聖徳太子信仰がはじまってしまい、伝説に尾鰭《おひれ》がついたからではないかと推理している。『日本書紀』の編纂は聖徳太子の没後約

百年が経過していて、色々な伝説が生まれていたのだろうという。
しかし、聖徳太子をめぐる謎は、一筋縄ではいかないのだ。

●――法隆寺に残された多くの謎

聖徳太子建立寺院の一つとされる法隆寺をみていくと、さらに深い聖徳太子の謎に気付かされる。

現在われわれが訪れる法隆寺（斑鳩寺《いかるがでら》）西院伽藍や東院伽藍（夢殿）は、聖徳太子の創建ではない。古い若草伽藍は、地下に埋もれている。『日本書紀』によれば、聖徳太子の斑鳩寺は、一度燃えている。現存法隆寺は、再建されていたことになる。天智九年（六七〇）四月三十日の夜明け、法隆寺に「災《ひっ》けり」とあり、「一屋も余ること無し」とある。事実発掘調査によって、若草伽藍がみつかっている。

ところが、奈良時代に法隆寺が朝廷に提出した正式な文書『法隆寺伽藍《がらん》縁起《えんぎ》幷《ならびに》流記《るき》資財《しざい》帳《ちょう》』は、創建法隆寺が燃えたことを明記していない。ここに、最初の謎が隠されている。現在の法隆寺の見解も、現存法隆寺は聖徳太子の創建だと、白を切っている。『法隆寺伽藍縁起幷流記資財帳』の記事を、そのまま喧伝している。

これは不思議なことなのだが、奈良盆地南部の大和三山の「天香具山」と「耳成山」を結んだ線の延長線上に、若草伽藍（創建法隆寺）の塔のあとが乗ってくる。古代人は「聖なるポイント」を結びたがる人びとで、しかも、現代人が驚くほど精度の高い測量を行っていたことが分かっている（渋谷茂一『巨大古墳の聖定』六興出版）。

『日本書紀』敏達十四年十二月条に、蘇我馬子が仏教興隆のために大野丘（飛鳥の中心付近）の北側に塔（大野丘北塔）を建てたと記録されている。

仏寺の伽藍ではなく塔だけを建てたのは、なぜだろう。じつは、ここが「測量の起点」になったようなのだ。法興寺（飛鳥寺）など多くの寺院が、大野寺から観て三〇度、六〇度の角度に関連づけられて建立されていったことが分かってきている。この「聖なる角度」も、古代人は大切にしていたわけだ。だから、大和三山からつながるラインには、信仰上の大きな意味が隠されていたはずなのだ。その重要な聖点だった若草伽藍が西側にずらされて、現在の五重塔は、聖なるラインからはずれてしまっている。

これは、聖徳太子の業績を面白く思っていなかった後の時代の「誰かの仕業」ではないかと、勘ぐりたくなるのだ。東院伽藍夢殿の太子等身像・救世観音がミイラのように封印されていた事実も、ここに来ると、強い意志によって閉じ込められたのではないかと思えてくるのである。

さらに、金石文をめぐる謎もある。

法隆寺の本尊に残された金石文や、お隣の中宮寺の天寿国繍帳《てんじゅこくしゅうちょう》に縫い付けられた文字には、奇妙な謎が隠されている。これも、触れておかなければなるまい。

●――『上宮聖徳法王帝説』の不可解

平安時代に、法隆寺の金石文や聖徳太子の伝説を集めて『上宮聖徳法王帝説《じょうぐうしょうとくほうおうていせつ》』が編まれた。この文書が、聖徳太子の謎を一層深めている。

生前の業績を『上宮聖徳法王帝説』は、おおよそ次の六つにまとめている。

①推古天皇の時代に、蘇我馬子とともに、政治運営に携わり、三宝（仏教）の交流に努めた。
②冠位十二階と十七条の法を作った。
③法花のごとき経《きょう》の疏《そ》・七巻を作った。
④七つの寺（四天王寺、法隆寺、中宮寺、橘寺など）を建てた。
⑤推古天皇に勝鬘経《しょうまんきょう》を講義し、褒美をいただいた。
⑥物部守屋を討った。

聖徳太子の伝記を作るなら、これらの項目だけで十分なのだが、『上宮聖徳法王帝説』の場合、法隆寺や中宮寺に実際に残っていた金石文や、刺繍の文字を執拗に集めている。正確に引用するだけではなく、解説を加え、しかもこだわったのは、「聖徳太子の死」であり、「聖徳太子は、亡くなった」「この時、確かに聖徳太子は亡くなった」と、くどいほど確認するのだ。これは、異常である。

たとえば、法隆寺金堂の本尊・釈迦三尊像の光背に、四六駢儷体《しろくべんれいたい》の銘文が刻み込まれている。それを『上宮聖徳法王帝説』は丁寧に解説するのだが、ここでも、聖徳太子の死を、何度も触れている。

そこでまず、金石文の内容を記しておこう。

法興三十一年十二月（六二一、推古二十九年十二月）、鬼前太后《かむさきのおおきさき》（間人《はしひと》皇后・聖徳太子の母）が亡くなられた。その明くる年の正月二十二日、上宮法皇《かみつみやののりのおおきみ》（聖徳太子）が病の床に伏し、食事も喉を通らないほど衰弱された。このとき、王后《きさき》（聖徳太子の后・菩岐々美郎女《ほききみのいらつめ》）もまた看病疲れから、倒れてしまったのだった。時に王后や王子、諸臣らは、深く心配し、共に発願して、聖徳太子等身大のお釈迦様の像を造ることをきめた。この像によって転病延寿、安住世間を願った。もしその願いが叶わなくても、亡くなられた後、早く妙果に昇らせてもらえることを祈った。ところが、二月二十一日、王后がまず亡くなられ、翌日法皇も亡くなられた。その後推古三十一年（六二三）の三月の半ばになって、釈迦三尊像は完成した……。

この銘文に従えば、釈迦三尊像は、聖徳太子の亡くなられた翌年に止利《とり》仏師《ぶっし》の手で完成したことになる。

多くの史学者は、さして興味を示さないが、梅原猛は、疑念を抱いた。

大体、この願いそのものもおかしい。ふつうなら、夫の病気のときにもっぱら夫の病気全快を祈るのは当然である。夫や父の病気のときに、病気の全快と共に死後の冥福《めいふく》を祈るのはよほど変り者であり、不孝者である。（『隠された十字架』新潮社）

この梅原猛の指摘は正しい。法隆寺の金石文の内容には、不可解な点が多い。そしておそらく、『上宮聖徳法王帝説』は、「この謎、解いてみな」と、問いかけているとしか思えない。そう思う理由は、金石文を解説する『上宮聖徳法王帝説』の記事を読めばわかる。

◉——なぜ聖徳太子は死んだと何度も確認するのか

まず、釈迦三尊像光背銘の一部を、原文で掲げておく。

「(二月二十一日に) 王后《きさき》即世《うせま》しぬ。翌日に法皇登遐《うせま》しぬ。」

「生《さう》を出《い》で死《し》に入《い》るに、三《みたり》ノ主《あるじ》に随《したが》ひ奉《まつ》り」

これらの記事に関して、『上宮聖徳法王帝説』は、次のように言う。

二月二十一日に「王后即世しぬ」というのは、すなわち聖王《ひじりのおおきみ》(聖徳太子)の妻・膳大刀自《かしわでのおおとじ》で、明くる日に「法皇が登遐しぬ」というのは、これはつまり上宮聖王(聖徳太子)のことだ。「即世しぬ」「登遐しぬ」というのは、これすなわち「死ぬ」ことの別の言い方である。

したがって、この銘文にはつぎのように書いてあるのだ。。推古三十年に聖徳太子が病に倒れたこと、同時に膳大刀自も倒れ、大刀自は二月二十一日に亡くなられた。聖王は二十二日に亡くなられた。これをもって明らかになるのは、膳夫人が前日に亡くなり、聖王は後の日に亡くなられた、ということである。

その上で『上宮聖徳法王帝説』は、次の歌を掲げている。

いかるがの　とみの井の水　いかなくに　たげてましもの　とみの井の水

この歌は膳夫人が危篤のときに水を欲しがったのを、聖徳太子が許さず、間もなく夫人が亡くなったため、太子が後悔して作ったといい、これこそ、夫人と太子が前後して死んだことのたしかな証拠とする。そして、『上宮聖徳法王帝説』はさらに続ける。

銘文には夫人が亡くなった日付けが明記されているにもかかわらず聖王の亡くなられた年月ははっきり書かれていない。しかし、多くの文書は、推古三十九年（壬午ノ年）二月二十二日の夜半に上宮聖王薨逝《うせま》しぬといっている。「生を出で死に入る」というのは、その生まれたところに往き返る言葉をさしている。「三ノ主」とあるのは、神前大后《かむさきのおおきさき》（聖徳太子の母・鬼前大后）と上宮聖王と膳夫人《かしわでのきさき》、合わせて三人のことなのだ。

聖徳太子の墓とされる磯《し》長墓《ながのはか》。母の穴穂部間人皇女と妃の膳大刀自と共に葬られている

こう書き終えると、次に、中宮寺の天寿国繍帳の引用がはじまり、聖徳太子の死を、念を押して確認するのだ。天寿国繍帳の全文を挙げたあと、解説をはじめる。「太《たい》子《し》崩《ほう》」とあるのは、聖王（聖徳太子）が亡くなられたことで、「従《ず》遊《ゆ》」というのは、死ぬ、ということにほかならない、というのである。

『上宮聖徳法王帝説』は、いったい何を言いたいのだろう。

問題は、「そもそも法隆寺と周辺の聖徳太子にまつわる金石文そのものに問題があった」のであり、『上宮聖徳法王帝説』は、それを「なぜ気付かない」と、指摘しているだけなのである。

●――聖徳太子は鬼とみなされていた？

聖徳太子の死に、どのような秘密が隠されているのだろう。

そもそも、『上宮聖徳法王帝説』のタイトルも気になるところだ。「上宮聖徳＝厩戸皇子（聖徳太子）は、法王であり、帝だった」という。『日本書紀』は聖徳太子が「法王」だったことは認めているが、推古天皇の皇太子で摂政だったといい、「ミカドだった」とは言っていない。「ミカドになるはずだったが、ミカドになる前に、亡くなった」というのだ。

そう考えると、『上宮聖徳法王帝説』は、奇天烈な文書であり、あらためて、法隆寺の金石文の深意を探りたくなるのである。

そういえば、気になる物がある。それは、広隆寺《こうりゅうじ》（京都市右京区太秦《うずまさ》）の本尊、聖徳太子三三歳像だ。歴代天皇は即位に用いた服を、この像に贈りつづけている。広隆寺は聖徳太子が寵愛したという秦河勝《はたのかわかつ》の建立した寺だ。

なぜ王家は、聖徳太子に気を遣い続けたのだろう。即位できなかった聖徳太子に、即位儀礼の服を着せて、「せめてこれで、即位した気分を味わってくれ」と、語りかけているように見える。そしてそれは、「いたわり」というよりも、「恐れ」「おびえ」に見えてしまうのは、私だけだろうか。「いたわり」「同情」は、長続きしないものだ。「恐怖」の方が力強い。法隆寺東院伽藍に封印されていた聖徳太子等身像・救世《ぐぜ》観音と、広隆寺の三三歳像は、無視できない。もう少し、聖徳太子の話をしておきたい。『日本書紀』は、聖徳太子を鬼あつかいしている。

古代人は万物（モノ）に精霊や神が宿ると信じた。また、古代人は神は大自然と同じと考えた。森羅万象に神は宿り、人びとに災害をもたらす嵐や火山の爆発、大地震、津波、疫病の蔓延も、神の意志とみなした。古代人にとって神は鬼のような恐ろしい存在で、神と鬼は表裏一体だった。恐ろしい災いをもたらす鬼を祀り、鎮めれば、恵みをもたらす神に変身する。神は鬼そのものだった。

また、「モノ（精霊や神が宿る物）」といえば、「鬼」を表現する言葉になった。鬼と書いて、「モノ」と読んだ。アニメ「もののけ姫」の「モノ」が、まさにこれだ。また、古代人は、「童子（子供）」を、鬼と同等の力を有する鬼とみなした。

「奇蹟」は、境界線上で起きる。朝日と夕日は、夜と昼の境界で輝く。日本人の子供が太陽を赤く描き、日の丸が赤く塗られているのは、朝日に対する信仰の名残だろう。生まれたばかりの童子もまた、奇跡的な存在で、強い生命力と成長する力を秘めた、荒々しい恐ろしい鬼のような存在なのである。

昔話の中で恐ろしい鬼をいつも「童子《どうじ》（子供）」が退治しているのも、童子が鬼と同等の力を有する鬼と考えられていたからである。

問題は、『日本書紀』の中で聖徳太子が、童子の姿で活躍していることだ。

物部守屋討伐戦では、蘇我馬子と朝廷軍が苦戦している。そこで聖徳太子は、神に誓願をして、戦勝を祈った。すると、物部守屋の軍勢は崩れていったとある。物部守屋は聖徳太子の神通力に敗れたのであり、聖徳太子の神通力とは、「童子の鬼のように恐ろしい力」にほかならない。

この時の聖徳太子の姿を、『日本書紀』は、「束髪於額《ひさごはな》」と特記している。これは、童子の髪型なのだ。物部氏の名にある「物」は「鬼」だから、鬼退治をする童子が聖徳太子だったことが分かる。

ちなみに、ヤマトタケルも九州の「国中一番の力持ち＝クマソタケル」を成敗するとき、童女に化けている。これも、童子（子供）による鬼退治だ。

『日本書紀』だけではない。法隆寺にはたくさんの童子像が祀られ、また、聖徳太子孝養《きょうよう》像が並ぶ。みな童子（太子二歳像、三歳像など）の姿で、「山背大兄王と共に亡くなった幼い一族を想定している」とする説もあるが、他の寺でも聖徳太子童子像を祀っている理由を説明できていない。聖徳太子は童子だったと、広く知られていたのだろう。

推古五年（五九七）四月に百済の阿佐太子《あさたいし》が描いたとされ、法隆寺東院から明治時代に皇室に献納された「御物唐本《ぎょぶつとうほん》御影《みえい》」が、聖徳太子の肖像であるかどうかに関して、いくつか議論があったが、問題は、唐本御影のお手本となった唐の絵画（帝王肖像画）には、主人公（皇帝）の両脇を従者が固めていて、二人ともヒゲを蓄えた「オトナ」なのに対し、聖徳太子（唐本御影）の場合、二人の童子が侍っている。これは、「童子（鬼）」に守られた鬼のミカド」とみなすことができる。

●蘇莫者は聖徳太子か？

天平時代から続く法隆寺最大の祭りが、聖霊会《しょうりょうえ》だ。救世観音が祀られる東院伽藍の北側の舎《しゃ》利《り》殿《でん》に安置されている「舎利（釈迦の遺骨とされている物）」を神輿《みこし》に乗せ、また太子七歳像を乗せた聖皇《しょうおう》神輿《みこし》が続く。一行は西院伽藍に着き、講堂の本尊の前に据えられる。そして、この前で舞いがくり広げられ、クライマックスに登場するのが、唐人風の服をまとった蘇莫者《そまくさ》だ。恨めしげな面をかぶり、白髪が垂れ下がり、顔面を覆っている。肩から蓑《みの》を着ているが、「蓑」は、古来「鬼」であることを表している。

まず、神に向かって講師が読経し、聖徳太子の生前の業績を述べ、太子を礼讃し、最後に太子の死を悼み、最後に蘇莫者が舞う。

聖徳太子の最古の肖像画とされる唐本御影。
向かって右側が子の山背大兄王とされる

蘇莫者、何者だろう。

梅原猛は蘇莫者を聖徳太子と考えた。

「一見してそれは怨霊なのである」（『隠された十字架』）

といい、すでに述べたように、聖徳太子を、恨み、祟る者と想定し、その鎮魂こそ、聖霊会の目的だろうと指摘した。

しかし、これは怪しい。

鎌倉時代に法隆寺の僧によって記された『聖徳太子伝私記』には、蘇莫者の記事がある。

聖徳太子四三歳の時、太子は笛を吹きながら、法隆寺から天王寺（四天王寺）に向かっていた。この時、背後に山神が出現し、太子の笛に合わせて舞い始めた。太子は怪しみふり返ると、山神は恐れて舌をぺろりと出した。この山神の舞いが天王寺に伝わり、山神を蘇莫者と呼ぶようになったのだという。

この伝説を信じれば、蘇莫者は「聖徳太子の笛の音に合わせて踊る山神」であって、聖徳太子本人ではない。

法隆寺の聖霊会でも、蘇莫者の舞いを鼓舞するのは笛の音で、奏でる者は「太子」と呼ばれている。

梅原猛は、聖徳太子が脇役のはずがないこと、笛役「太子」が、あまりにみすぼらしいこと、聖徳太子を祀る法隆寺最大の祭りで、聖徳太子が主役でないことはありえないことから、蘇莫者こそ聖徳太子と考えた。しかし、「笛役だから太子は聖徳太子ではない」という推理は不自然だ。

蘇莫者は、なぜか「太子」の背後から忍び寄る。そして、蘇莫者は、「太子」のようであるが、「太子」ではない。「太子の笛」に暴れ回り、鎮められる者なのだ。その正体は、いかに。

そこで注目されるのが、「鬼の蘇我入鹿」である。

●――蘇我入鹿は祟る鬼

乙巳の変で殺された蘇我入鹿や蘇我氏も、鬼とみなされ、また蘇我入鹿は、祟るものとみなされていたようだ。

「ガゴウジ」という日本語があり、国語辞典（広辞苑など）にも載っている。意味は「鬼」だ。元興寺が語源で、仏教説話集『日本霊異記《にほんりょういき》』に、次の伝承が残されている。

六世紀後半の敏達《びたつ》天皇の時代、尾張国《おわりのくに》阿育知郡《あゆちのこおり》（名古屋市中区）の農夫の前に雷が落ちた。すると小さ子が現れ、命乞いをするので助けると、お礼に子を授かった。この子がのちに、元興寺の童子になった。鐘楼《しょうろう》に悪霊の変化《へんげ》である鬼が出て、都の人達を随分こわがらせた。そこで件の童子は、鬼の毛髪をはぎとって退治したという。そこで、邪悪な鬼を退治する雷の子を（童子）を神格化して、元興神《がごぜ》と称することになり、「がごぜ」「がごじ」「がごうぜ」と呼ばれるようにもなり、鬼の代名詞になったわけだ。

問題は、鬼のガゴウジが、鬼を退治した童子だったことだ。童子が鬼だったことは、すでに触れてある。そして、元興寺が元々は蘇我氏の寺だったところに、大きな意味が隠されているように思えてならない。「蘇我の寺は鬼の寺」なのである。

蘇我と鬼のつながりは、『日本書紀』からも読み取ることができる。

斉明元年（六五五）五月条に、次の記事が載る。斉明天皇は、蘇我入鹿暗殺を目撃した女帝であり、弟の孝徳天皇崩御《ほうぎょ》ののち、中大兄皇子らに担ぎ上げられた。

大空に竜に乗る者が現れた。姿は、唐人に似ていた。青い油の笠を着て、葛城山から飛んで生駒山に隠れた。午の時になって、住吉の松嶺の上から、西に向かって飛んでいった……。

「笠を着た者」は、鬼なのだが、この鬼、斉明七年（六六一）五月にも現れ、斉明天皇にまとわりついている。

中大兄皇子が百済救援のために九州に陣を張り、斉明天皇も朝倉橘広庭宮《あさくらのたちばなのひろにわのみや》（福岡県朝倉市）に滞在したときのことだ。ここで斉明天皇は亡くなるのだが、この時、宮の中に鬼火《おにび》が現れ、舎人《とねり》や近侍する者の多くが病で亡くなった。七月には斉明天皇も亡くなり、朝倉山の上に鬼がいて、大笠をかぶり、葬儀の様子を観ていたという。

『日本書紀』は鬼の正体を明かしていないが、平安時代末期の『扶桑略記《ふそうりゃっき》』には、ほぼ同じ話が掲載され、鬼をさして「蘇我豊浦大臣の霊なり」といっている。「豊浦大臣」を『日本書紀』は蘇我蝦夷といい、『先代旧事本紀』は入鹿のことといっていて、状況から察して、斉明天皇の前に現れた「豊浦大臣」は、蘇我入鹿がふさわしい。蝦夷にしても、乙巳の変で滅亡に追い込まれていた犠牲者であることに変わりはない。『扶桑略記』は、斉明七年に斉明天皇の周辺で人びとが次々となくなっていった様子を、「豊浦大臣の霊魂のなす所なり」と説明している。要は、「蘇我入鹿の祟りだった」といっているのである。

●祟る菅原道真にそっくりな蘇我入鹿

なぜ蘇我氏は、祟る鬼とみなされたのだろう。それは、蘇我本宗家滅亡が冤罪《えんざい》であり、罪なくして殺されたから恨んでいたと、誰もが信じていたからだろう。

蘇我氏の立ち位置は、平安時代の菅原道真《すがわらのみちざね》によく似ている。

菅原道真は京都の北野天満宮（京都市上京区）で祭られる学問の神様だ。しかし、平安時代の菅原道真は、祟る恐ろしい神だった。理由を説明しておこう。

菅原道真の遠い御先祖様は、野見宿禰《のみのすくね》で、出雲からやってきた。出雲国造家《こくそうけ》の流れをくんでいる。道真の母親は大伴氏で、すでに大伴氏は没落していたから、藤原氏全盛期の朝廷で、出世する見込みはなかった。学者として、また、地方の役人として抜群の成績を収めた菅原道真を大抜擢したのは、藤原氏と対立していた宇多《うだ》天皇だ。

この時代、律令制度はすでに破綻していて、社会は疲弊していた。全国の土地を民に公平に分配するというシステムも、もはや通用しなくなっていた。高い税を直接都に運ぶという運営方法にも問題があったし、そもそも、原始的な共産主義だったから、うまく行くはずがなかったのだ。多くの民が生活苦で、逃亡してしまった。奈良時代には人口増加も起きていて、支給する口分田《くぶんでん》も底をついてしまった。

戸籍作りも難儀した。人口に占める女性の割合が急増したのだ。男性には苦役や兵役が待ち受けているから、男子が生まれても、女子と申告したのだ。「都に出仕して（本当は地元に残っているのに）、下級役人となって働いている（だから、税を払えない）」というウソもまかり通ってしまった。そして、藤原氏だけが、各地の土地をかき集め、富み栄える社会が到来していたのだ。


このような時代に、抜本的な改革に乗り出したのが、菅原道真だったようなのだ。

「ようなのだ」といったのは、菅原道真の改革事業は、ライバルの藤原時平《ときひら》に手柄を奪われてしまった可能性が高いからだ（平田耿二『消された政治家菅原道真』文春新書）。いわゆる「延喜《えんぎ》の治《ち》」は藤原時平の功績と考えられているが、実際には菅原道真が骨折りしていたというのだ。

まず、藤原時平は菅原道真包囲網を作り、延喜元年（九〇一）、改革事業がいよいよ完成するという段階で、醍醐《だいご》天皇に「菅原道真に謀反《むほん》の疑いが」とけしかけ、菅原道真を都から追い落とすことに成功している。こうして菅原道真を、大宰府《だざいふ》に左遷してしまったのだ。実態は流罪で、軟禁されてしまう。家族も散り散りになり、幽閉され、悲惨な暮らしを強いられた。

そして延喜三年（九〇三）二月、九州の地で、菅原道真は憤死した。太宰府天満宮（福岡県太宰府市）は、菅原道真の墓所の上に建てられた。おそらく、菅原道真の「強い恨み」を、封じこめる意味があったのだろう。

実際、菅原道真は、祟っている（としか思えない現象が続いた）。

まず、醍醐天皇の身辺に異変が起きた。天候不順が続いたあと、延喜八年（九〇八）ごろから近侍した者が死に、翌年には藤原時平が死んだ。『扶桑略記』には、病床で祈禱《きとう》したが、藤原時平の耳から青龍に化けた菅原道真が姿を現し、祈禱を邪魔して、藤原時平は亡くなったとある。

その後も変死者は続出し、みな口々に「菅帥《かんそち》の霊魂宿忿《れいこんしゅくふん》のなす所なりという」と噂し合ったという。延喜八年（九〇八）六月二十六日、黒雲が都を覆い、清涼殿《せいりょうでん》南西の柱に雷が直撃した。菅原道真追い落としに荷担した人たちが、ここで大勢亡くなる。貴族たちを恐怖のどん底に突き落としたのだ。醍醐天皇も、これにショックを受けて三ヶ月後に亡くなった。

藤原氏に手柄を横取りされ、悪人扱いされた菅原道真は、死後祟る鬼とみなされた。この図式、そのまま蘇我入鹿に当てはまる。

●──歴史をひっくり返した簡単なカラクリ

『日本書紀』編纂《へんさん》が八世紀の初頭だったのは、それまでの権力者の蘇我氏や物部氏が衰退し、藤原氏が台頭したからだ。王家の入れ替えはなかったが、ヤマト建国時から続いてきた豪族たちが、こぞって没落した。だから、新たな権力者である藤原氏は、歴史書を必要としたのだ。藤原氏の正義を証明し、喧伝するためだ。

そしてもちろん、藤原不比等は、父・中臣鎌足を顕彰する必要があった。そのために用意したのが、聖徳太子と山背大兄王ではなかったか。

ここでもう一度、問い直してみたいのは、改革派だった蘇我氏を反動勢力にみせかけるには、どのようなトリックが必要だったのか、である。正義と悪を逆転させることは可能なのだろうか。

こういうことではなかったか。まず『日本書紀』は、蘇我系皇族・聖徳太子（厩戸皇子）を創作し、改革派の蘇我氏の業績を、聖徳太子に預けた。聖徳太子の業績とされる冠位十二階、憲法十七条、遣隋使の派遣も、本当は蘇我本宗家の手柄だっただろう。そこで聖徳太子を必要以上に礼讃して、聖者のようにみせかける。その上で、蘇我入鹿が聖徳太子の子の一族を滅亡に追い込んだことにすれば、蘇我入鹿に聖者殺しのレッテルを貼ることが出来る。

聖徳太子が聖者であればあるほど、蘇我入鹿が大悪人になっていく構図ができあがる。要するに、聖徳太子の正体は蘇我本宗家で、両者は鏡で映した表と裏だったことになる。

荒唐無稽と思われるかもしれないが、物部系の『先代旧事本紀』と蘇我系の『元興寺伽藍縁起幷流記資財帳』に示された蘇我氏と聖徳太子の系譜を重ねてみると、「豊浦大臣（蘇我蝦夷か入鹿）」と「聡耳皇子《とみみのみこ》（聖徳太子）」が、重なって見えてくる。

まず、『先代旧事本紀』には、宗我嶋大臣《そがのしまのおおおみ》（蘇我馬子）と物部鎌姫大刀自連公の間に豊浦大臣が生まれ、これは名を「入鹿連公《いるかのむらじきみ》」と呼んだとある。『日本書紀』には、蘇我馬子と物部守屋の妹の間の子が善徳《ぜんとこ》で、元興寺（法興寺）の初代管長とある。これに対し『元興寺伽藍縁起幷流記資財帳』には、次の二つの系譜が掲げられる。まず、巷奇有明子《そがのうまこ》（蘇我馬子）の子が善徳で元興寺を建てたとある。これは『日本書紀』と同じだが、母親の名が分からない。そしてもうひとつの系譜は、大々王なる物部系の謎の女傑が、聡耳皇子を「我が子よ」と呼んでいる。聡耳皇子は「大王」で元興寺を創るともある。聡耳皇子は即位していないのに、なぜ「大王」と呼ばれたかといえば、「大々王の子の大王」を、強調したかったからだろう。つまり『元興寺伽藍縁起幷流記資財帳』は、物部系の女傑の大々王の子が、聡耳皇子（聖徳太子）だったと言っていることになる。しかし『日本書紀』に従えば、聖徳太子の母は物部氏ではない。

その代わり、聖徳太子の母の穴穂部間人皇女《あなほべのはしひとのひめみこ》の「穴穂部」は、物部系と関わりが深い。穴穂部皇子は、蘇我氏と対立し、物部守屋と利害が一致していた。これは、無視できない。聖徳太子は、物部と蘇我の間に生まれた子で、『日本書紀』は、これを隠匿していたのではなかったか。

ここに、ひとつの系譜が完成する。『元興寺伽藍縁起幷流記資財帳』が掲げた二つの系譜を重ねれば、「元興寺（法興寺、飛鳥寺）を建立した」という共通点でつながる聡耳皇子と蘇我馬子の子の善徳がつながり、善徳こそ、聖徳太子と豊浦大臣（蘇我入鹿）の正体だったのではないかと思いいたる。

こうして、『日本書紀』が描いた歴史改竄のためのトリックは、暴くことができたのである。最後に残された謎は、なぜ蘇我入鹿は殺されなければならなかったのか、である。

鍵を握っていたのは、中臣鎌足だと思う。

第四章　中大兄皇子はなぜ蘇我入鹿を殺したのか

第4章

ひと目でわかる！

謎解きのポイント

大化改新の二人のキーパーソンが実在したのかどうか多くの疑いが…？

蘇我系でありながら、謎多き二人の人物とは？

古人大兄《ふるひとのおおえの》皇《み》子《こ》

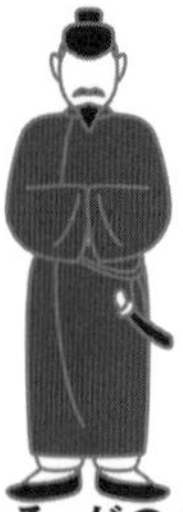

乙巳の変に同席も
逃げ帰ったとされる

蘇《そ》我倉《がのくら》山《やま》田《だ》石川《いしかわの》麻《ま》呂《ろ》

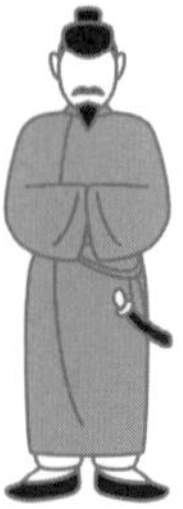

蘇我の傍流で、
乙巳の変であの〝二人〟に
同調し、暗殺に加わる

▼

その後中大兄皇子への
謀反人として抹殺

**蘇我系を二つに分裂させる
目論見か、
蘇我本宗家を悪役に
仕立て上げる陰謀だった？**

つまりこういうこと！

凡人　中大兄皇子《なかのおおえのみこ》　兄

対立

嫉妬　敵意　殺意

賢人　大海人皇子《おおあまのみこ》　弟

『日本書紀』のウソと入れ替えを暴け！

乙巳の変の本当の目的は？

大海人皇子まで暗殺し、
蘇我系をこの世から抹殺する

しかし……

大海人皇子を取り逃がす！

天智朝末期に改めて暗殺計画→皇位継承の誘惑

大海人皇子は危険を察知→吉野に逃れる

→ **後の壬申の乱の原因になった！**

●—— なぜ「中大兄皇子見直し論」はないのか

これまでの大化改新をめぐる議論で欠落していたのは、「蘇我氏が改革派なら、それを殺した中大兄皇子と中臣鎌足は何を目論んでいたのか」ではなかろうか。

蘇我氏は改革をすでにはじめていて、「相対的に強い王」を生むために、屯倉《みやけ》（王家の直轄領）を増やす努力を続けてきた。親蘇我派の推古天皇の時代には、大きな道の整備も始まっていた。蘇我氏の最盛期は、新たな制度改革の下準備の時代だった。その蘇我氏を潰しにいった中大兄皇子と中臣鎌足は、何を考えていたのだろう。蘇我氏見直し論が活発になってきたのに、なぜ「中大兄皇子・中臣鎌足見直し論」は、盛りあがらないのか。

まず、中大兄皇子の場合を考えてみよう。

中大兄皇子（天智《てんじ》天皇）は、蘇我入鹿暗殺と大化改新の立役者として、英雄視されてきた。しかし、彼の実際の行動を知っている人は、それほど多くない（そもそも『日本書紀』を全巻読んだなどという人間は、古代史ファンの中でもきわめて少ない）。しかも、中大兄皇子の人生も、多くの謎を抱えている。そこでまず、中大兄皇子の生涯を追ってみよう。中心になるのは、『日本書紀』の記事だ。今回は、白村江《はくすきのえ》の戦い（六六三）の後始末のあたりまでを追ってみる。近江遷都と即位の直前ぐらいまでだ（残りは、シリーズ第二回目であらためて）。

中大兄皇子は舒明《じょめい》天皇と宝皇女《たからのひめみこ》（皇極天皇）との間に生まれた。大海人《おおあま》皇子（天武《てんむ》天皇）の同母兄だ。諱《いみな》は葛城《かづらき》皇子、開別《ひらかすわけ》皇子、中大兄だ。ひとつ不思議なのは、『日本書紀』が一度たりとも「中大兄皇子」と記さず、「中大兄」と呼び、「皇子」を足していないことなのだ。これがじつに怪しいのだが、謎は解けていないので、深追いはしない。

舒明十三年（六四一）十月、舒明天皇の殯《もがり》に東宮（皇太子）として誄《しのびごと》した。年は十六。皇極三年（六四四）正月、中臣鎌足は中大兄皇子に心を寄せ、法興寺の打毬に際し、意気投合した。この後、中大兄皇子と中臣鎌足は南淵請安《みなぶちのしょうあん》の元に通う道すがら、蘇我氏打倒の計略を練った。中臣鎌足は中大兄皇子に「蘇我倉山田石川麻呂の娘を娶《めと》るべきだ」と進言している。皇極四年（六四五）六月、蘇我倉山田石川麻呂と中臣鎌足に謀り、子麻呂らと共に、三韓入朝の日に、蘇我入鹿暗殺に成功し、法興寺に諸卿とともに立てこもり、甘樫丘《あまかしのおか》の蘇我蝦夷をも滅ぼした。孝徳即位前紀に、皇極天皇は皇位を中大兄皇子に譲ろうとしたが、中臣鎌足が「年功序列を尊重しなさい」と諫言《かんげん》し、それを皇極に奏上し、軽皇子が即位（孝徳天皇）。中大兄皇子は皇太子となった。左大臣は阿倍内麻呂《あべのうちまろ》、右大臣は蘇我倉山田石川麻呂で、中臣鎌足は内臣《うちつおみ》に任ぜられた。ちなみに、「内臣」は、正式な役職ではない。

大化元年（六四五）九月、古人大兄《ふるひとのおおえ》皇子（親蘇我派）に謀反の疑いありと密告があった。中大兄皇子は兵を差し向け討たせた。

◉——中大兄皇子が孝徳朝で働いたのは「皇太子奏請文」だけ？

大化二年（六四六）三月二十日、皇太子（中大兄皇子）は使いを遣わして、次のように奏請《もう》さしめた。

「昔の天皇の御世には、天下は渾然一体として治められました。今に至って、分離拡散して、国家としてのまとまりを失っています。わが君（孝徳）は、万民を養うべき天運にあり、天も人も応じ合い、政治は刷新されようとしています。これを喜び、尊んで、大切なことと、崇めております。さて、天皇は私に問われて、「諸々の臣・連・伴造・国造が所有する昔の天皇の御世に置かれた子代入部《こしろいりべ》、皇子たちが私有する御名入部《みないりべ》、天皇の祖父大兄の御名入部やその屯倉、これらを昔のとおりに置くべきか」と仰せられました。慎んでお答えします。「天に二つの太陽はなく、国に二人の王はいません。従って、天下を統一して万民を使役できるのは、ただ天皇だけです」」

こう述べて、さらに、改新之詔《かいしんのみことのり》で定められた範囲内で入部（地方から上京し、雑役に従事する力役）を使役し、それ以外の人と屯倉（直轄領）は朝廷に返上しますと、答えたのだった。

改新之詔で伝えられた「部」の廃止を受けての処置だ。

これがいわゆる「皇太子奏請文《そうせいもん》」と呼ばれるもので、中大兄皇子が孝徳朝で果たした唯一の功績といっていい。奏請文に関する説明は、後ほどする。話を続けよう。

大化三年（六四七）十二月、孝徳天皇が有馬《ありま》温泉（兵庫県神戸市）から武庫行宮《むこのかりみや》に留まったとき（左右大臣と高級官僚が随行していた）、皇太子（中大兄皇子）の宮で火災が起き、時の人は驚き怪しんだ。大化五年（六四九）三月一日、阿倍大臣が亡くなり、皇祖母尊《すめみおやのみこと》（皇極）や皇太子らと諸卿はみな、哀悼の礼を行った。同月二十四日、蘇我日向《ひむか》が皇太子に、「異母兄の蘇我倉山田石川麻呂が（皇太子の）命を狙っている」と、報告した。中大兄皇子はこれを信じた。孝徳天皇は使者を蘇我倉山田石川麻呂のもとに遣わし真偽を問いただしたが、蘇我倉山田石川麻呂は、「天皇の御前で説明いたします」と述べるだけで埒《らち》が明かなかった。再び使者を出しても同じなので、天皇は兵を差し向けた。すると蘇我倉山田石川麻呂は山田寺（奈良県桜井市）に逃れ、ここで一族とともに命を絶った。朝廷の軍団は、蘇我倉山田石川麻呂が亡くなったと知らされ、途中で引き返した。二十六日蘇我日向らは、寺を囲み、物部二田造塩《もののべのふつたのみやつこしお》なる者が蘇我倉山田石川麻呂の首を切り落とし、死体をさし上げて大声で叫び、刑を執行した。この月に使者を遣わして調べてみると、資材の中に蘇我倉山田石川麻呂の無実を証明するものがみつかり、皇太子に忠誠を尽くしていることが分かった。中大兄皇子は悔い、恥じ、蘇我日向を筑紫《つくし》に異動した。世の人は「これは隠流《しのびながし》（実質的な流刑）か」と語った。皇太子の妃は、「塩」の名をもつ人に父が斬られたことを知り、塩の名を聞くことを憎み、心を痛めて亡くなった。皇太子はたいそう悲しまれた。

白雉四年（六五三）、倭京《やまとのみやこ》（飛鳥）に戻ることを天皇に奏上したが、許されず、天皇を残し、自ら皇祖母尊（皇極）と間人皇后を奉じ、皇弟《すめいろど》（大海人皇子）らを引き連れ、倭飛鳥河辺行《やまとあすかのかわべのかり》宮《みや》（明日香村稲渕《いなぶち》）に住んだ。時に、公卿や官僚も移ってきた。白雉五年（六五四）正月五日、紫冠を中臣鎌足に授け、封を若干増やした（ちなみに、中臣鎌足はここではじめて「中臣鎌足」の名になる。それまでは、「中臣鎌子」）。

十月、孝徳天皇の病は重く、皇祖母尊（皇極）と間人皇后を奉じ、皇弟（大海人皇子）らを引き連れ、難波宮に赴いたが、天皇は亡くなられた。斉明元年（六五五）正月、皇祖母尊が重《ちょう》祚《そ》（斉明天皇）すると、中大兄皇子は皇太子となった。

●改新政権で何もしなかった中大兄皇子

斉明天皇が即位するまでの『日本書紀』に記された中大兄皇子の行動を追ってきた。この後、中大兄皇子は無謀な百済救援を強行し、日本を滅亡の危機に陥れるのだが、今回は、大化改新を中心に、話を進めたい。

さて、中大兄皇子と中臣鎌足は乙巳の変と大化改新をリードしてきたと信じられている。彼らが蘇我本宗家を滅ぼし、改革をレールに乗せたと信じられてきたのだ。

ところが次第に、蘇我氏は実際には改革派で、改革事業は継続されていったという推理が提出されるようになってきた。ただその一方で、中大兄皇子と中臣鎌足の立ち位置について、大きく疑われることはなかったのである。

なぜ中大兄皇子と中臣鎌足は、蘇我本宗家を倒したのだろう。どのような利害が、交錯したのだろう。蘇我本宗家を倒して、なんの得があったのか。

不思議なのは、クーデター成功のあと、孝徳天皇が親蘇我派の人脈を取り立てていること、中大兄皇子と中臣鎌足の大化改新後の活躍が、ほとんどないことなのである。それを理解していただくために、あえて、中大兄皇子の半生を『日本書紀』から抜き取ってみたのだ。

試しに、『日本書紀』に描かれた改新後の業績を、もう一度並べてみよう。

①大化元年（六四五）　古人大兄皇子が中大兄皇子を殺そうとしたから、討った

②大化二年（六四六）　中大兄皇子自身が支配していた民と土地の一部を朝廷に返上すると奏請

③大化三年（六四七）　孝徳天皇の有馬行幸の時、中大兄皇子の宮が燃え、みな驚き、怪しんだ（不審火か？）
④同年　蘇我倉山田石川麻呂が中大兄皇子を殺そうとしていると密告があって、中大兄皇子は信じた。蘇我倉山田石川麻呂一族の自滅ののち、蘇我倉山田石川麻呂は無実だったことを知り、中大兄皇子は、悔いた（悔いたということは、中大兄皇子が積極的に討った可能性が高い）
⑤白雉五年（六五四）　孝徳天皇の意思を無視して難波宮を棄て、遷都を企てる
⑥白雉五年（六五四）　病に倒れた孝徳を見舞うも天皇は崩御された。
⑦斉明元年（六五五）　母が即位。皇太子に立つ

乙巳の変の直後から斉明天皇が即位するまでの中大兄皇子の業績を個条書きにしてみた。『日本書紀』は、大化二年から、一気に改革は進んだと言っているのに、この間、中大兄皇子の業績は、たったこれだけなのだ。中臣鎌足は何をしていたかというと、乙巳の変の直後、皇極天皇が中大兄皇子に譲位しようとしたとき、中大兄に「年功序列を考えられますように」「孝徳天皇を立てれば、人びとは喜びます」と、諫言しただけだ。そして、内臣という正式ではない役職に就いただけなのだ。この二人、不思議な存在だ。もっと不思議なのは（くどいようだが）、「中大兄皇子と中臣鎌足が改革事業を押し進めていた」と、いまだに信じている史学界そのも

のではなかろうか。催眠術をかけられたように、考えを変えようとしない。

● なぜ史学者は中大兄皇子を礼讃する？

中大兄皇子の改新政権の中の唯一の業績が、「皇太子奏請文」といっても過言ではない。その他は、「命を狙われた」「返り討ちにしてやった」ぐらいだ。しかも、改新政権の要人を次々と殺していっている。ならば、「皇太子奏請文」を、どのように評価すべきだろう。

熊谷公男は中大兄皇子の奏請文を高く評価している。「部の廃止」は「皇太子奏請文で具体的方針が定まった」といい、次のように述べる。

> 「皇太子奏請文」は、新政権の部廃止政策が中大兄皇子のリーダーシップのもとで推進されていったことを示す（前掲書）

このような発想は、古くからあった。北山茂夫は中大兄皇子の「奏請文」について、「旧制打破をめざして決然たる行動にでた」と言い、「むろん、内臣《うちつおみ》中臣連鎌足《なかとみのむらじかまたり》と協議をかさね、そしてタイミングをねらったうえでのことであろう」と言う。「改新政治は、年少気鋭の中大兄と鎌足の手腕によってすすめられてゆく。まえにたちはだかる勢力はなかった」というのだ。

しかし、いくつもの疑念がある。

そもそも、広大な土地を所有していたのは物部氏で、これをどうするかが最大の課題だった。物部氏を誰が説得したのか、『日本書紀』は、それを説明しない。確かに、孝徳天皇が「民と土地をどうすればよいか」と諮問して、中大兄皇子が、「返上すべきだし、私の民と土地は、一部を返上します」といってのけたとしても、物部氏が首を縦に振らなければ、何の意味もない。しかし、史学者の多くは、部の廃止は中大兄皇子の手柄という。しかしこれで、「土地と民を手放したくない」という諸豪族は、納得しただろうか。実際の律令整備が大宝元年（七〇一）までずれ込むのは、律令整備が「法が整って号令すればそれでよい」わけではなかったからだ。土地と民を豪族から奪わねばならない。戸籍を作り、口分田を民に公平に配らなければならない。そのために、既得権益にあぐらをかく各地の諸勢力を説得しなければならない。中大兄皇子が「私の土地を一部差し出します」といったぐらいで、改革が一気に進捗するわけがなかったのである。

大化改新で一気に事業がすすんだというかつての常識はすでにくつがえっているのだから、史学者が称賛する「中大兄皇子の手腕」には、大きな疑問符がつく。しかも、「中臣鎌足と協議し、タイミングを見はからっていた」「迫力に敵は屈した」といったような評価は、単なる

蘇我氏系図

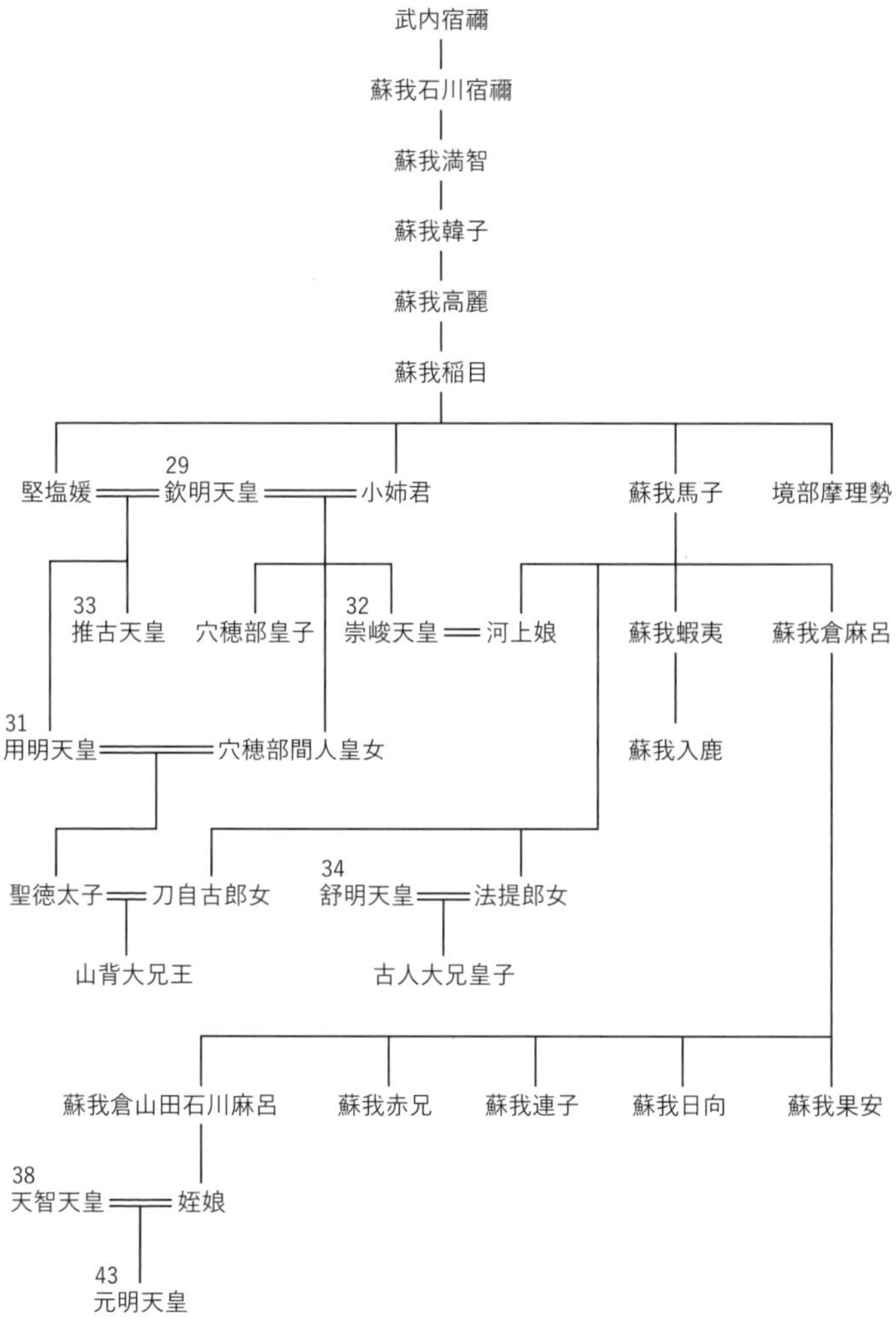
武内宿禰
蘇我石川宿禰
蘇我満智
蘇我韓子
蘇我高麗
蘇我稲目
堅塩媛
29
欽明天皇
小姉君
蘇我馬子
境部摩理勢
33
推古天皇
穴穂部皇子
32
崇峻天皇
河上娘
蘇我蝦夷
蘇我倉麻呂
31
用明天皇
穴穂部間人皇女
蘇我入鹿
聖徳太子
刀自古郎女
34
舒明天皇
法提郎女
山背大兄王
古人大兄皇子
蘇我倉山田石川麻呂
蘇我赤兄
蘇我連子
蘇我日向
蘇我果安
38
天智天皇
姪娘
43
元明天皇

史学者の「想像」にすぎないではないか。

なぜ、中大兄皇子に対する評価は「高止まり」なのだろう。

ひとつの理由は、『国民の歴史　3　飛鳥朝』の月報に関晃《せきあきら》が記した一節を読んで、「これだ」と、納得できた。門脇禎二の「改新否定論」を否定している場面だ。

> そもそも『書紀』を撰修《せんしゅう》した天武系の史局が、何のためにわざわざ改新の事実を捏造《ねつぞう》して大化の時点に係《か》けなければならなかったかの理由が、少しも明らかではないのである

これは、すこし説明が必要だろう。

『日本書紀』編纂時の天皇は文武《もんむ》天皇で、天武天皇の孫に当たる。父親は草壁《くさかべ》皇子だ。天武天皇崩御ののち、皇太子・草壁皇子は即位することなく病没し、草壁皇子の母で天武の皇后だった鸕野《うの》讃良皇女《ささらのひめみこ》が、即位した。これが持統《じとう》天皇だ。『日本書紀』は、天武→文武と続く、「天武の王家」の中で編纂事業が継続されたから、天武天皇が壬申《じんしん》の乱で天智天皇の子の大友《おおとも》皇子を倒して王権を獲得したことの弁明をし、正義の証明をするために記されたと、一般には信じられている。しかしこれは、大きな間違いだ。

なぜ皇太子奏請文が必要だったのか

問題は、持統天皇が天智天皇の娘だったこと、藤原不比等を大抜擢したことにある。

文武天皇は天武と持統の孫で、「天武の王家のひとり」と考えられているが、「持統の王家のひとり」でもある。持統天皇と藤原不比等のコンビは、天智天皇と中臣鎌足のコンビの焼き直しに見える。どさくさに紛れ、持統天皇と藤原不比等は、「持統女帝を始祖王にすることで、天智王朝の復活」を画策していたようなのだ。そのための観念上の仕上げに、『日本書紀』が完成した。

『日本書紀』の中で太陽神天照大神《あまてらすおおみかみ》が特別扱いされていることはよく知られている。その天照大神に持統はなりすましていた。

持統天皇の諡号《しごう》ははじめ大倭根子天之広野日女尊《おおやまとねこあまのひろのひめのみこと》だったが、のちに高天原広野姫天皇《たかまのはらひろのひめのすめらみこと》にかわり、天照大神のイメージに変身している。神話の中で天照大神から王家は始まり、七世紀末、持統女帝から、新たな血統が始まったのだ。それは、観念上の天智天皇の王家であり、だからこそ、『日本書紀』は乙巳の変と大化改新で、中大兄皇子と中臣鎌足の功績を称え、正当化している。「天武系の史局の意志」など、何の意味もないのだ。

『日本書紀』が天武天皇のために書かれたのなら、なぜ乙巳の変で、中大兄皇子の弟の大海人皇子が、「悪人退治」で活躍しなかったのだろう。大海人皇子の姿は、どこにもない。「少しでも多くの味方を」と中臣鎌足は進言し、中大兄皇子に蘇我倉山田石川麻呂の娘を娶らせたと『日本書紀』は言うが、なぜこの場面で、「弟の大海人皇子に声をかけましょう」と、発言しなかったのだろう。要は、『日本書紀』は天智系の王家の歴史書であり、大海人皇子を嫌っていたのである（その理由はこのあと）。

『日本書紀』は藤原不比等の強い意志の下、編纂されていたのにもかかわらず、これまで、「天武天皇の正当性を証明するための歴史書」と、みな信じていたのだ。しかし、真相は全くあべこべだ。このボタンの掛け違いに、史学界は気付いていない。そのため、乙巳の変と大化改新を観る目を曇らせていたわけである。

そして改めて「皇太子奏請文」を見つめ直せば、これが改新政府内における中大兄皇子の唯一の政治的発言であり、この発言がなければ、それこそ、中大兄皇子は政権内部で「でくの坊」のようにたたずんでいたことになってしまう。だいたい、中大兄皇子ひとりが民と土地を返上すると発言しても、効果は限定的だし、実際通説も、この時律令が整ったという『日本書紀』の描写は、「まず、ありえない」と考えるようになってきている。各地の豪族がそう簡単に土地を手放すことはなかったわけで、だからこそ、大宝律令（七〇一）まで、律令整備はずれ込んでいる。とすれば、「皇太子奏請文」など、何の意味もなかったし、この段階にこの記事を持ってきたのは、中大兄皇子の業績を飾り立てるためであり（何かをしたことにしないと都合が悪い）、さらに、大化改新が「行政改革のためのクーデター」だったことを、印象づけなければならなかったからだろう。

くどいようだが、『日本書紀』は、中臣鎌足の子の藤原不比等が権力者の時代に記された文書であり、藤原不比等は大海人皇子（天武）が壬申の乱で勝利したあと、天武天皇崩御に至るまで、まったく活躍していない。天武天皇は天智天皇と中臣鎌足のコンビとは、生きるか死ぬかの暗闘をくり広げた仇敵同士なのだ。当然、藤原不比等は天智天皇の右腕として活躍した中臣鎌足の子だから、干されていたのだろう。だから『日本書紀』は、中臣鎌足を顕彰する目的で書かれたのであり、もちろん、大化改新を正義の戦いにすり替える必要があった。その中で、「皇太子奏請文」が創作され、挿入されたのだろう。

古人大兄皇子にはモデルがいた？

中大兄皇子は改新政府で活躍していない。とすれば、中大兄皇子と中臣鎌足は、何を目的に、蘇我本宗家を潰しにいったのだろう。「改革事業のため」という言い訳は、『日本書紀』が用意した「ウソ」であり、『日本書紀』の印象操作に、われわれはまんまと引っかかっていたのである。

『日本書紀』は、トリックに満ちている。たとえば、中大兄皇子はすでに、父親の舒明《じょめい》天皇の崩御に際し、「東宮《もうけのきみ》（皇太子を意味する）」と記され、皇位継承候補の筆頭であるかのようなイメージを与えられている。しかし、舒明崩御を受けて即位したのは、中大兄皇子ではなく（一六歳と若かったからだろうか）、舒明のキサキで中大兄皇子の母・皇極天皇だった。しかもこの時、蘇我氏は中大兄皇子ではなく、古人大兄皇子を推していたという。そして乙巳の変ののち、古人大兄皇子は中大兄皇子を殺そうとしていたと『日本書紀』は言い、古人大兄皇子は返り討ちに遭い、滅ぼされた。

しかしこの話、信用できない。古人大兄皇子は目くらましだろう。古人大兄皇子にはモデルがいて、その大物の正体と活躍を隠してしまったと筆者は睨む（その正体はこの後）。

そこで今度は、『日本書紀』が記録した古人大兄皇子の生涯を追っておこう。

古人大兄皇子は舒明天皇と法提郎女《ほほてのいらつめ》の間の子だ。法提郎女は蘇我馬子の娘で、蘇我入鹿と古人大兄皇子は従兄弟の関係だ。だから蘇我本宗家が躍起になって古人大兄皇子の即位を画策していたというのが、『日本書紀』の主張だった。

これまでの常識に従えば、乙巳の変で蘇我本宗家が滅ぼされたのだから、古人大兄皇子即位の芽は摘み取られたということになる。実際、直後に皇極天皇は中大兄皇子への譲位を思い立ったが、複雑な経緯を経て、軽皇子が即位している。まず、中臣鎌足が中大兄皇子に、「古人大兄皇子と軽皇子は年上です」という理由から、軽皇子に皇位を譲るべきだと進言し、中大兄皇子は納得した。

そこで皇極は弟の軽皇子に皇位を譲ろうとしたが、軽皇子はさんざん固辞し、古人大兄皇子を勧めた。

「古人大兄皇子こそ先帝（舒明）の所生で年長だから、天位につかれるのにふさわしいと思います」

ところが古人大兄皇子は何を思ったか、これを辞退した。座から下り後ずさりして、胸の前に手を合わせて（拱手《きょうしゅ》）、

「天皇の意志（勅）に従いましょう。どうしてわざわざ私に皇位を譲られることがありましょうか。私は出家して吉野に入り、仏道を修めて天皇を助け奉ります」

と申し上げ、佩刀《はいとう》を解いて地に投げ出し、帳内《とねり》（舎人、下級役人）に命じて全員の刀を解かせた。そうしておいて法興寺（飛鳥寺）の仏殿と塔の間に詣で、剃髪《ていはつ》し、袈裟《けさ》を着た。このため軽皇子は固辞できず、即位された。

同年九月、古人大兄皇子は蘇我田口臣川堀《そがのたぐちのおみかわのほり》、物部榎井連《もののべのえのいのむらじ》椎子《しひ》、吉備笠臣垂《きびのかさのおみしたる》、倭漢文直《やまとのあやのふみのあたい》麻呂《まろ》、

朴市秦造《えちのはたのみやつこ》田来津《たくつ》と共に、謀反を討った。ここで『日本書紀』には分注があり、「ある本には、古人太子とあり、古人大兄ともいう。この皇子は吉野山に入った。それゆえ、吉野太子という」とある。『日本書紀』は古人大兄皇子を正式に皇太子と認めていないが、この分注は、それを示している。

　謀反が露顕したのは、吉備笠臣垂が中大兄皇子に自首してきたからだ。

「吉野の古人皇子（古人大兄皇子）は蘇我田口臣川堀らと謀反を企てております。その中に、私も加わっておりました」

　そこで中大兄皇子は兵を繰り出して、古人大市皇子らを討たせた。「或本《あるふみ》に云《い》はく」と別伝を用意し、十一月三十日に中大兄皇子は兵三十名を差し向けて、古人大兄と子らを斬らせた。そのキサキは自ら首をくくって亡くなったとある。

　またある本に、十一月に、吉野大兄王が謀反を企て、これが発覚して誅殺されたとある。また、時代は少し下って、天智七年（六六八）二月条には、天智天皇は古人皇子の娘・倭姫王を立てて皇后としたとある（ただし子は生まれなかった）。

　これが、『日本書紀』に描かれた古人大兄皇子の生涯だ。ちなみに、『紹運録《しょううんろく》』には、古人大兄皇子は天智と天武の異母弟で、蚊屋皇子《かやのみこ》、間人皇女《まひとのひめみこ》らの異母兄と記される。

なぜ古人大兄皇子は入鹿とともに殺されなかったのか

『日本書紀』は、乙巳の変の本質を大悪人・蘇我入鹿征伐だったと定義した。親蘇我本宗家派は一掃され、寝返る者が出て、中大兄皇子たちが勝利したと言い、かつてはそのまま信じられてきたから、古人大兄皇子の謀反をめぐる記事に関しても、疑念は提出されてこなかった。しかし、孝徳天皇が親蘇我派となれば、話は別だ。古人大兄皇子は即位できなかったとしても、新政府の「政敵」ではない。むしろ主流派であり、吉野に隠棲する必要はなかった。もし反動勢力に命を狙われていたのなら、政権中枢にいて守ってもらえばよかったのだ。だから吉野に隠棲したという記事が、まず怪しい。それよりも不可解なのは、入鹿暗殺事件で古人大兄皇子が助かったことである。

古人大兄皇子は、乙巳の変で、事件のあとあわてて館にもどり、入鹿の死を嘆き、「胸が張り裂けそうだ」と、絶叫している。

不思議なことだ。なぜ、この時、蘇我入鹿とともに古人大兄皇子も殺されなかったのだろう。クーデターが成功したという歴史を知っているから、不思議に思わないのである。

蘇我入鹿が殺されたとき、まだ蘇我蝦夷は甘樫丘で生き残っていた。東漢《やまとのあや》氏も、蘇我氏を守ろうと身構えていた。蘇我本宗家は強大な権力を握っていて、蘇我入鹿ひとり殺したからといって、そのまま政権転覆できるものではない。飛鳥板蓋宮《あすかのいたぶきのみや》という空間で、蘇我氏のトップひとりを殺しただけの状態で、まだ勝算はなかった。道に落ちていた物を泥棒も拾わなかったほど、蘇我氏は恐れられていたと『日本書紀』は言う。それが事実であるかどうかは分からないが、多くの豪族が蘇我氏に与《くみ》していたことは間違いあるまい。しかも、このあとの状況を『日本書紀』から読み解く限り、中大兄皇子と中臣鎌足には、人望がない。味方につく者が少なかった。多くの人びとの批判を集めていた。とすれば、この段階で、中大兄皇子がもっとも邪魔にしていた（皇位継承の最大のライバル）の古人大兄皇子を殺めなかったのは、不可解なことだ。もし、蘇我政権を完璧に潰すことが出来なければ、のちに古人大兄皇子が即位する可能性は、非常に高かった（『日本書紀』の記事を素直に受けとめればだが）。それが分かっていて、なぜ中大兄皇子は古人大兄皇子を、「厳重に門を閉めていた板蓋宮」から、解放してしまったのだろう。

そしてなぜ、孝徳天皇が即位した直後に、古人大兄皇子は吉野に隠棲したのだろう。孝徳政権が親蘇我政権だったとする説が、次第に強まっているし、だからこそ孝徳天皇は中大兄皇子を重用しなかった。そのため、中大兄皇子は孝徳政権を潰しにいったのだ。だから孝徳政権で、古人大兄皇子には、身を隠す必要はなかった。

古人大兄皇子は、聖徳太子の子の山背大兄王と同じで、実在しなかったから「謀反事件」で殺され、消えてもらわなければならなかったのではないか。そして、古人大兄皇子のモデルが、別に存在したと思えてくる。

●——大海人皇子を即位させたかった蘇我氏

気になるのは、古人大兄皇子の別名だ。「吉野太子」「吉野大兄」のように、「太子」「大兄」がついていて、皇位継承候補の筆頭とみなされ、それを「ある本」は書き残しているのだろう。時代に少し差があるが、「皇太子なのに吉野に命からがら逃れた人物」は、もうひとりいる。それが大海人皇子で、天智天皇（中大兄皇子）の陰謀で殺されかけて、蘇我氏に守られて、大海人皇子は吉野に逃れている。しかも、逃げるときの様子が、瓜二つだ。

古人大兄皇子はもっとも有力な皇位継承候補だったが、譲位の申し出を断り、法興寺で髪を剃り僧形になって吉野に入った。いっぽうの大海人皇子も皇太子だったが、天智天皇の「皇位を譲ろう」という誘いを蹴り、髪を剃り、吉野に向かっている。全く同じパターンではないか。異なるのは、古人大兄皇子は中大兄皇子に殺され、大海人皇子は天智天皇の魔の手から逃れることが出来たことだ。

古人大兄皇子のモデルは、大海人皇子ではなかろうか。『日本書紀』には、この場面で大海人皇子を古人大兄皇子にすり替え、一度古人大兄皇子に消えてもらう動機はあったと思う。

大海人皇子が近江（滋賀県）から吉野に逃れ、天智崩御ののち天智の子の大友皇子とにらみ合い、裸一貫で東国に逃れたのに雪崩のような勝利を収めたのは、蘇我氏が支えていたからだ。近江朝の蘇我系豪族が、こぞって大友皇子を裏切った。それほど、蘇我氏と大海人皇子は、固い絆でつながっていたのだろう。

「蘇我本宗家は大悪人」という先入観があるから、大海人皇子と蘇我氏のつながりが、奇異に思えるだけだ。蘇我氏が改革派で王家を力強く後押ししていたのであれば、王家の多くは、蘇我氏を頼りにしていただろうし、蘇我氏と緊密に連携していただろう。その中のひとりが大海人皇子であり、蘇我氏を敵視した中大兄皇子の方がむしろ異常なのである。中大兄皇子が蘇我氏を憎んだのは、「こちらを評価してくれないで弟の大海人皇子を依怙贔屓《えこひいき》している」と思っていたからだろう。

そもそも、舒明天皇の崩御に際し、なぜ皇族として血の薄い女性（皇極天皇）が担ぎ上げられたのかと言えば、「女帝の子を即位させるための布石」と考えるのが自然であり、その場合、当てはまるのは、二人の男子、中大兄皇子か大海人皇子ということになる。

実権を握り専横をくり広げていた蘇我本宗家が、もし古人大兄皇子を推していたのなら、「中大兄皇子と大海人皇子の母を即位させてはならない」と考えただろう。それにもかかわらず、

天武天皇（大海人皇子）。兄の中大兄皇子から何度も命を狙われたが、危険を察知して吉野に逃れ、後に皇位につく

皇極天皇は担ぎ上げられている。しかも、入鹿暗殺現場の皇極の慌てぶりから、「皇極と入鹿は男女の仲にあったのではないか」と疑われ、それほど親密だったのは、蘇我本宗家が皇極の子の大海人皇子を推していたからだろうし、大海人皇子をモデルにして、古人大兄皇子が創作されたからだろう。

兄の中大兄皇子はクーデターを起こし、蘇我氏の大海人皇子擁立を阻止しようと考えたのではなかったか。つまり、これが中大兄皇子の蘇我入鹿暗殺の動機である。当然、中大兄皇子は改革事業などどうでも良かったことになる（事実、実権を握ってから中大兄皇子は、律令整備にほとんど尽力していない）。

『日本書紀』は、大海人皇子の前半生を記録していない。もちろん、乙巳の変には登場しない。

この時代、大海人皇子の姿はない。これは、とても不思議なことなのだ。しかし、大海人皇子の立場が古人大兄皇子とそっくりだったとすれば、『日本書紀』が大海人皇子の姿を消してしまった意味が分かってくる。

なぜ天智天皇は政敵・大海人皇子を皇太子に立てたのか

ならば、古人大兄皇子を登場させる意味は何だろう。

乙巳の変のきっかけのひとつが、中大兄皇子の大海人皇子に対する敵意と殺意であったとしたら、そして、この事実を明確に記録してしまえば、乙巳の変の大義名分が崩れてしまう。乙巳の変は蘇我氏の専横を憎み、改革事業を押し進め、王家の再興を画策したものでなければならなかった。しかし、正直に大海人皇子との確執を記録すれば、それは「私闘」になってしまう。

もっとも、のちに即位した中大兄皇子は、皇太子に大海人皇子を指名したではないかと、反論されそうだ。しかし、これも、しっかり説明できる。誰もが反対した白村江の戦いを強行した中大兄皇子には、人気がなかった。だから中大兄皇子が即位する段になって、「大海人皇子や蘇我氏の協力がなければ政局運営もままならず、中大兄皇子が頭を下げて即位させてもらった」というのが本当のところであろう。

妥協の政権が天智朝で、当然ふたりの反りは合わず、殺し合いになりそうな場面もあったようだ。『万葉集』にも、二人の危ない関係が記録されている。

難しい推理なので、ここで、もう一度整理しよう。

なぜ、仲が悪いのに、天智天皇は大海人皇子を皇太子に指名したのだろう。そもそもなぜ、ふたりは兄弟なのに、仲が悪かったのだろう。そしてなぜ、中大兄皇子は弟の大海人皇子を、蘇我入鹿殺しに誘い込まなかったのか、という最初の謎にもどっていくのだ。

ひとつの推理が働く。蘇我入鹿存命中、蘇我本宗家が「次の皇位には」と推していたのは、古人大兄皇子ではなく、そのモデルとなった大海人皇子で、中大兄皇子は嫉妬し、殺意を抱いていたのではあるまいか。標的になったのは蘇我入鹿と、大海人皇子だろう。乙巳の変の暗殺劇で、中大兄皇子たちは何かしらの理由で、大海人皇子を取り逃がしたのではあるまいか。

そしてその確執は、天智天皇の最晩年まで続いて、大海人皇子と蘇我氏を味方に付けなければ政権を維持できないジレンマに天智は苛《さいな》まれていた。そして天智は最晩年、病床で「皇位を今譲ろう」と、大海人皇子に持ちかけたのだ。大海人皇子は身の危険を感じ、吉野に逃れ、天智崩御ののち、天智の子の大友皇子と争ったのではなかったか。それが、壬申の乱（六七二）の真相で、しかも、裸一貫で東国に逃れた大海人皇子が雪崩のように勝利してしまうのは、近江の大友皇子の取り巻きで重臣だった蘇我系の人びとが、ことごとく大友皇子を裏切ったからだろう（『日本書紀』にそう書いてあるし、これは事実だろう）。

◉――蘇我倉山田石川麻呂は裏切り者に仕立てられた

中大兄皇子の蘇我入鹿殺しの本当の標的は弟の大海人皇子で、大海人皇子が蘇我氏に高く評価されていたことに嫉妬したのだろう。しかし『日本書紀』は、蘇我入鹿暗殺劇を「お家騒動」に矮小化したくはなかった（それが事実なのだが）。あくまで、正義の戦いでなければならなかった。だから古人大兄皇子という架空の人物を放り込み、大海人皇子の姿を消し、真相を闇に葬ったのだろう。そして、蘇我入鹿暗殺後、改革事業が一気に進んだと記録することによって、蘇我入鹿殺しの正義をでっちあげたのである。

ただし、この推理でネックになるのは、蘇我倉山田石川麻呂の存在なのだ。

中大兄皇子と中臣鎌足は、蘇我入鹿暗殺のために味方を増やそうと、蘇我氏の傍流の蘇我倉山田石川麻呂を誘って協力させた。そして、暗殺劇はうまくいった。蘇我本宗家滅亡後、蘇我氏を引っ張っていったのが蘇我倉山田石川麻呂だった。

これを信じれば、蘇我氏は内部分裂を起こしていたわけで、その蘇我倉山田石川麻呂が孝徳天皇を支えていたからといって、孝徳天皇が蘇我入鹿らの遺志を継承していたかどうか、じつに怪しくなってくるし、壬申の乱の場面で大海人皇子を蘇我氏が後押ししていたとしても、それが蘇我入鹿の時代から継続した支援だったのか、定かではなくなることになる。

しかし、これも『日本書紀』のカラクリだと思われる。

まず第一に、乙巳の変における蘇我倉山田石川麻呂の役目は、三韓《さんかん》の進調《しんちょう》の表を読み上げることで、なぜそれが蘇我倉山田石川麻呂なのかと言えば、蘇我入鹿を油断させるためだ。しかしこの策は、蘇我氏全体に暗殺計画が露見する恐れがあった。蘇我倉山田石川麻呂の役割は、そのリスクに見合っていない。これは、不自然だ。しかも、現場で蘇我倉山田石川麻呂は恐怖のあまり震え上がって、無様な様子が記録されている。

『日本書紀』は、中大兄皇子や中臣鎌足のために働いてくれた蘇我倉山田石川麻呂を、英雄として描いていない。そして、中大兄皇子に対する謀反の疑いで、滅亡した。それでも、無実だったことが分かり、中大兄皇子は後悔したというのだ。

この話、どう考えればよいのだろう。

こういう推理が成り立つだろう。まず、『日本書紀』の意図を考えてみる。

孝徳朝の人事は、親蘇我派に偏っていた。その中に、当然蘇我倉山田石川麻呂も入っていた。

しかし、『日本書紀』は蘇我倉山田石川麻呂を「反蘇我入鹿派」に位置づけている。『日本書紀』

は、「孝徳朝は親蘇我派政権だが、親蘇我本宗家派ではない」といいたいがために、蘇我倉山田石川麻呂に蘇我入鹿を裏切る役目を物語の中で与えたのだろう。もし蘇我倉山田石川麻呂が、蘇我入鹿を裏切ったことにしなければ、孝徳政権は、まさに、蘇我入鹿の遺業を継承していたことになってしまう。蘇我倉山田石川麻呂が蘇我入鹿に反旗を翻した形にしなければ、中大兄皇子たちの暗殺劇が、ただの要人暗殺に終わってしまうのだ。

蘇我倉山田石川麻呂が新政権に入ったのは、中大兄皇子と中臣鎌足の暗殺劇に与していて、だからこそ、右大臣に昇ったのだという物語を作らなければ、中大兄皇子らが改新政府で活躍できたというイメージを描けなくなってしまうのである。

乙巳の変の周辺の『日本書紀』の記事には、これら、ありとあらゆる「ウソと入れ替え」が駆使されているのであって、そのひとつひとつの「関連性」を、丁寧に解きほぐしていく作業が必要なのだ。

要は、終始一貫して、蘇我氏（蘇我本宗家や蘇我倉山田石川麻呂ら）は改革事業に取り組み、大海人皇子を後押ししていたのだ。そして『日本書紀』は、これらの真相をひっくり返すために、古人大兄皇子という偶像や「蘇我入鹿を裏切った石川麻呂」というウソを用意したのである。

すでに乙巳の変の時点で、蘇我氏は大海人皇子を推し、中大兄皇子は玉座に固執して、蘇我入鹿暗殺を計画したのだろう。

● 蹴鞠の鞠は入鹿の首

ここで余談ながら付け加えておくと、蘇我入鹿の暗殺劇は、『日本書紀』の記事とはだいぶ違うと思う。中大兄皇子が飛鳥板蓋宮大極殿で斬りつけたという話はでたらめであろう。

たとえば、『日本書紀』皇極三年（六四四）夏六月是月条に、巫覡《ふげき》らが、蘇我入鹿が橋を渡るとき、競って神託の言葉を述べたとある。ただし、大勢が喋ったため、はっきり聞き取ることはできなかった。老人たちは、「時世が変化する前兆だ」と言った。この時、三首の謡歌《わざうた》があった。その中の最後の歌が、次の一首だ。

小《を》林《ばやし》に　我《われ》を引入《ひき》れて　奸《おがせ》し人《ひと》の　面《おもて》も知《し》らず　家《いへ》も知《し》らずも

蘇我入鹿が殺されたあと、「或人《あるひと》」は、この歌を、「蘇我入鹿が宮中で佐《さ》伯連《えきのむらじ》子《こ》麻《ま》呂《ろ》らに突然殺されることの前兆だった」と解き明かしている。問題は、蘇我入鹿自身からみれば、「誰に殺されたか分からない」が歌の真意とすれば、暗殺の実行犯は、身分の低い何者かであり、中大兄皇子や中臣鎌足は、現場にいなかった可能性が高い。しかも、身分が低い者は大極殿に入ることはできなかっただろうし、暗殺現場は、別だったと想像がつく。

飛鳥寺の発掘調査で、法興寺の西門が大きかったこと（普通は南門が大きい。法興寺の場合、西側に蘇我氏の拠点・甘樫丘《あまかしのおか》があった）、西門の脇に入鹿の首塚（五輪塔）が位置していたことが分かった。いまも首塚には野の花が添えられるが、ここが蘇我入鹿遭難の地ではあるまいか。

気になるのは、中大兄皇子と中臣鎌足の出会いの場・槻《つき》の木の広場が、まさにここだったことで、中大兄皇子は打毬（蹴鞠）をしていて、沓《くつ》が脱げ、それを中臣鎌足が拾い上げた。ここは蘇我本宗家の中枢部であり、そのど真ん中で蘇我入鹿暗殺組が出逢ったというのは、にわかには信じられない。ここで蹴飛ばしていた毬とは、入鹿の首を暗示しているのではあるまいか。

明日香村の東隣に多武峰《とうのみね》の談山《たんざん》神社が鎮座していて、中臣鎌足を祀っているが、ここでは毎年秋の紅葉シーズンに、けまり祭が行われる。『日本書紀』の記事に従えば、本来なら飛鳥寺の西門の近くで行えばよいのに、ひっそり談山神社で行われてきたのは、蘇我入鹿の首をいまだに弄《もてあそ》んでいるからだろう。

第五章　百済王子「中臣鎌足」という黒幕

第5章

ひと目でわかる！

謎解きのポイント

単なる皇位継承争いから古代史上最大の陰謀と謀略を企てた首謀者は誰？

陰謀うごめく乙巳の変

もうひとりの首謀者

中臣鎌足

その実態は……？

- 「内《うち》臣《つおみ》」という名ばかりの役職
- 特筆すべき業績もなし
- 鹿島神宮の神官という出自も怪しい

疑惑の本性が見え隠れするが…？

つまりこういうこと!

もうひとり浮かび上がる

謎の人物

百済の義慈王《ぎじおう》の子…

余豊璋《よほうしょう》

➡ たびたび来日した記録あり!

白村江《はくすきのえ》の戦いで敗れて大敗走

▶ その後行方不明に…日本に潜伏か?

▼

同時期、蘇我倉山田石川麻呂が謀反の疑いで

晒《さら》し首に! … 首を塩漬けにする習慣は大陸様式

▼

これこそ中臣鎌足=豊璋の生き残り戦術

中大兄皇子をそそのかし、蘇我氏を滅亡させ、
正史『日本書紀』でねつ造

大いなる陰謀がここに終結

◉――なぜ中臣鎌足は中大兄皇子を選んだのか

中大兄皇子が蘇我入鹿暗殺を企てた最大の目的は、改革事業ではない。皇位継承権を争っていたのだ。同母弟の大海人《おおあま》皇子を蘇我氏が推していたから、無謀な行動を起こしたわけである。ならば、後押しした中臣鎌足《なかとみのかまたり》はなぜ、中大兄皇子を選び、蘇我入鹿暗殺に猪突《ちょとつ》したのだろう。古代史最大の英雄として名高い中臣鎌足だが、出自が怪しい。無位無官のまま、父母の名もわからず、歴史に登場する。藤原不比等《ふじわらのふひと》が『日本書紀』編纂《へんさん》の中心に立っていたのだから、この記述は不自然だ。よほど出自が怪しいと見える。

のちの時代の文書には、「中臣鎌足は（中臣）御食子《みけこ》の子」とある。『尊卑分脈《そんぴぶんみゃく》』や『藤氏家伝《とうしかでん》』は、そう証言している。もしこれが本当なら、『日本書紀』は、当然系譜を掲げていただろう。それが出来なかった理由があったはずだ。母は大伴夫人《おおとものおおとじ》と伝わるが、「大伴氏のどこどこの娘」と、名を伝えなかったところに、やはり怪しさがつきまとう。

中臣鎌足は鹿島《かしま》神宮（茨城県鹿嶋市）の神官の出身ではないかとする説がある。有力視もされている。それは、どうしてだろう。

『日本書紀』の中で、中臣氏の祖は神話に登場している。天児屋命《あめのこやねのみこと》が、天照大神《あまてらすおおみかみ》の岩戸隠れで活躍していたとある。ところがある時期から、藤原氏自身も、鹿島神宮と香取《かとり》神宮（千葉県香取市）の神々（武甕槌神《たけみかづちのかみ》と経津主神《ふつぬしのかみ》）とかかわりをもつようになっていく。これらの神々は、出雲の国譲りに登場するが、本来中臣氏とはつながっていなかった。

　武甕槌神と経津主神は、つねにセットで活躍している。神武東征に際し、神の毒気に当たった神武を、武甕槌神が救っている。霊剣・韴霊《ふつのみたま》（布都御魂。フツは経津主神のフツ）が下されたのだ。この霊剣は神武天皇から物部氏の手に渡り、石上《いそのかみ》神宮（奈良県天理市）で祀られた。そして物部氏は東国経営に尽力し、鹿嶋や香取といった水郷地帯（水運）の拠点に、前線基地を創り、神を祀ったのだった。それが、鹿島神宮と香取神宮である。当然、周辺には物部氏とその関連氏族が集住していた。鹿島神宮も、物部氏が支配していたと思われる。

　一方中臣氏は大阪府枚岡《ひらおか》市付近に拠点を構え、枚岡神社に天児屋命を祀っていたが、鹿島と香取から神を勧請し、それ以来、武甕槌神と経津主神が主祭神となった。

　奈良時代に藤原仲麻呂の記した『藤氏家伝《とうしかでん》』は、「藤原の先祖は天児屋根命だ」と言っている。ところが平安時代後期の『大鏡《おおかがみ》』には、孝徳天皇の時代に内大臣《うちつおおおみ》（内臣）に昇った中臣鎌足は、もともとは常陸国《ひたちのくに》（茨城県）の人だったこと、中臣鎌足出現後、歴代天皇が即位されるに際し、必ず御幣《ごへい》の使いが東国に遣わされたこと、平城京遷都後は、都の東側の三笠山《みかさやま》に神々を勧請し、春日明神として祀るようになったとある。これが、藤原氏の祀る春日大社だ。

梅原猛も、中臣鎌足は鹿嶋からやってきたと推理していた。

『続日本紀』天応元年（七八一）七月条に、中臣氏にかかわり深い栗原氏の話が載っている。そこに、祖の伊賀都臣《いかつのおみ》（烏賊津使主）は神功皇后《じんぐうこうごう》の御世に百済《くだら》に遣わされ、住みついたこと、のちに末裔が日本に戻ってきて美濃国に住んだこと、地名から栗原の名を与えられたが、中臣栗原連にして欲しいと述べている。

この記事から梅原猛は、中臣栗原連《なかとみのくりはらのむらじ》を「帰化系か準帰化系」とみなし、中臣氏の祖も朝鮮半島と関係が深いと指摘した（『隠された十字架』）。

その上で、神功皇后の時代の中臣烏賊津使主《なかとみのいかつのおみ》以後中臣氏そのものが『日本書紀』にほとんど登場しないこと、『古事記』には無視されていることを考慮し、中臣氏は帰化人の血を引く東国出身の成り上がり者と推理したのである。

中臣鎌足鹿嶋出身説を支持する学者は、非常に多い。

嫌われていた春日風鹿島の神

中臣鎌足、本当に鹿嶋出身なのだろうか。鹿島神宮の周辺には、奇妙な話がいっぱい残っている。

『常陸国風土記』香島郡《かしまのこおり》の条には、七世紀の孝徳天皇の時代、中臣氏らに命じ、下総国《しもうさのくに》の北側を割《さ》かせ、「神の郡《こおり》」を置かせたとある。そしてこの地域の社を合わせて、香島の天《あめの》の大神《おおかみ》と呼ぶようになった。これが、鹿島神宮の創建を意味しているらしい。

ところで、『常陸国風土記』編纂には、常陸国の国守だった藤原宇合《ふじわらのうまかい》が関与していた可能性が高いが、この記事は正確ではないと思う。

鹿島神宮の大元は西北西の方角の大生神社《おおうじんじゃ》（茨城県潮来市）で、多氏《おおし》（神武天皇の末裔）がヤマトからこの地に移ってきて神社を建てたらしい。そのあと、鹿島神宮が創建されている。この一帯（那珂国）を支配していたのは多氏で、その領域を分割して、神の郡（香島郡）を作った。そして、多氏を背後から支えていたのが、物部氏である。

大生神社の伝承が、興味深い。神護景雲《じんごけいうん》二年（七六八）に春日大社に「鹿島の神」が御遷幸されたというが、正確には、「大生の神」で、大同元年（八〇六）に「藤原氏東征」を見守るために、元の地にもどされ、またその翌年、鹿島神宮の地に遷り、結果、大生神社は別宮と名乗るようになったという。これは、鹿島神宮の中臣氏も認めている。

物部氏や多氏は東国経営を活発化させるために、香島（鹿島）の神を東北にも広めていたようなのだ。苗裔神《びょうえいしん》が陸奥国《むつのくに》に三十八座あったという。また、延暦年間（七八二～八〇五）から弘仁年間（八一〇～八二四）にかけて、鹿島神宮の封物を苗裔神に配っていたが、それ以降奉幣《ほうへい》は絶えてしまった（どうやら陸奥国に入るべき封物は、春日大社に横流しされていたようだ）。すると陸奥国の鹿島神が怒り狂い、物の怪《け》が跋扈《ばっこ》したため、鹿島神宮の宮司が嘉祥《かしょう》元年（八四八）に奉幣に向かった。ところが、陸奥国側は、関を閉じこれを拒んだという。

東北の「香島の神を祀る人びと」は、「中臣の（春日風の）香島の神はニセモノ」とみなし、軽視していた節がある。磐城国造《いわきのこくのみやつこ》も那賀《なか》国造の同族で（多氏系）、鹿島神宮の北側の地域は、「反春日風鹿島社」で一致していたようなのだ（ちなみに、いまだにその空気は色濃く残っている。古代のいがみ合いは、各地で影響を残している）。

鹿島神宮の北側に大洗磯前神社《おおあらいいそざき》（茨城県東茨城郡大洗町）が鎮座する。陸奥国で鹿島神宮の奉幣使が関を閉鎖され追い返される騒動が起きた八年後の斉衡《さいこう》三年（八五六）十二月、大洗磯前神社に神が新たに降ったと、騒ぎになった。大奈母知少比古奈命《おおなもちすくなひこなのみこと》（出雲神・大己貴神《おおなもちのかみ》）が、海上の天から輝いてやってきたと言う。なぜ出雲神かというと、この地域を支配していた多氏が、三輪山（奈良県桜井市）祭祀にもかかわっていたからだ。

大和岩雄《おおわいわお》は次のように推理する。

> 鹿島神宮を中央の藤原・中臣らが強引に氏神にしてしまったため、本来の鹿島神的性格をもつ官社を作ろうとして、那賀国造系の人々と鹿島の神官がしめし合わせて「上言」

した（『日本の神々　11　関東』谷川健一編　白水社）

　そのとおりだろう。やはり、香島の神は、もともと中臣氏のものではなかったのだ。物部系の『先代旧事本紀』には、ニギハヤヒ（物部氏の祖）がヤマトに舞い下りたとき、中臣氏の祖も随行してきたと記されている。物部氏は生駒山の南西部の八尾《やお》市周辺に拠点を作ったが、中臣氏は生駒山の北西部の山麓を拠点にした（枚岡神社のあたり）。この布陣を見ても、中臣氏が古くは物部氏の配下にあったらしいこと、だからこそ、藤原（中臣）氏は、主家筋の神を奪い取ったことが分かっている。

　ただし、だからといって、中臣鎌足が天児屋根の末裔とは限らない。中臣氏が天児屋命の末裔であることは『日本書紀』が明記し、彼らが神代から続く名家だったことは、一度証明したはずなのだ。ところが後の世になって、「鹿嶋出身かも知れない」と、藤原氏自身も、唱え始めたわけである。

　とすれば、中臣鎌足の先祖は、天児屋根でも武甕槌神や経津主神でもなく、秘密にされた先祖が、存在したのではあるまいか。

●なぜ無位無官の中臣鎌足が偉そうなのか

どうすれば中臣鎌足の素性を洗い出すことが出来るだろう。

それにしてもなぜ、無位無官の中臣鎌足が「当時もっとも皇位に近いと『日本書紀』が言う中大兄皇子」に、近づくことが出来たのだろう。これも、じつに不可解だ。身分の差は、天と地ほどある。

中臣鎌足は乙巳の変の蘇我入鹿暗殺現場で、不可解な行動をとっている。実行犯が蘇我入鹿の威に圧倒され、怖じ気づいていると、中大兄皇子が叱責し自ら剣を抜き、蘇我入鹿に斬りかかった。ここで中臣鎌足は何をしていたかというと、弓をもって高みの見物をしゃれ込んでいたのだ。くどいようだが、この時もっとも皇位に近かったという中大兄皇子が、体を張って、それこそ命がけで蘇我入鹿に斬りかかっているとき、なぜ中臣鎌足は一番安全な場所で傍観していたのだろう。

改新政府で任命された「内臣《うちつおみ》」も、怪しい。これは、律令の規定にない役職で、もともとは百済の制度だった。王の命令を伝達し、臣下の上奏を取り次ぐ王の側近・内臣《ないしん》佐平《さへい》を真似したようだ。

奈良時代になると、中臣鎌足の孫の藤原房前《ふささき》が内臣に就任する。この時の内臣の役目は、「天皇と同等の権限をもつ」と、天皇からお墨付きをもらって独裁権力を握った。藤原氏の政敵・左大臣の長屋王《ながやおう》を封じこめるための秘策だった。

中臣鎌足の内臣就任の時、『日本書紀』は特別にこの人事について触れている。

「中臣鎌足は忠誠心があって、最新の威勢によって官司《かんし》の上に立った。計略は人びとに従われ、物事は鎌足の思いのままになった」

しかし、『日本書紀』が礼讃すると、余計胡散臭く思えてくる。改新政府で中臣鎌足が内臣に任命されたという『日本書紀』の記事を、「疑わしい」と考える学者は、少なくない。また、中臣鎌足の活躍を、低く評価する考えもある。原秀三郎は中臣鎌足最大の活躍は乙巳の変の蘇我入鹿暗殺だが、それ以外に何をしたかというと、内臣になったというが、規定にない臨時職だったこと、殺し屋としては相当な人物だが、政治家としての力量は疑問だと指摘している（『藤原鎌足とその時代』青木和夫・田辺昭三編　吉川弘文館）。

この感想はもっともで、『日本書紀』を素直に読めば、中臣鎌足は「何も業績がなかった人」としか考えられないのである。

中大兄皇子は孝徳天皇の最晩年に都を飛鳥に戻してしまった。母（斉明天皇）を擁立して、実権を握った。そして、何をしでかしたかというと、飛鳥周辺の異常な土木工事と、すでに一回滅びた百済（朝鮮半島西南部）を救援することだった。百済の遺臣である鬼室福信《きしつふくしん》の依頼を受け、人質として来日していた余《よ》豊璋《ほうしょう》（以下豊璋）を本国にもどし、豊璋は王位に就いた。この後、軍勢を整え、遠征軍を派遣した。唐と新羅の連合軍に立ち向かったのだ。多くの人々は遠征に反発し、「負けるのは分かっている」と考えていたようだ。

案の定、大敗北を喫した。これが、いわゆる白村江《はくすきのえ》の戦い（六六三）だ。唐と新羅《しらぎ》の連合軍は、戦勝の勢いのままに、日本列島に攻め寄せてくる恐れが高かった。そこで中大兄皇子は、西日本各地に、急きょ山城を造営した。しかし、唐は「まず高句麗を潰す」と方針を固めたために、中大兄皇子は命拾いをしたのだった。

問題は、この時、なぜか中臣鎌足が姿をくらましていたことだ。中大兄皇子人生最大のピンチだったのに、中臣鎌足はどこにも記録されていない。そして、白村江の戦いが終わってしばらくして、再び『日本書紀』の記事の中に登場している。これは、中臣鎌足の大きな謎のひとつだ。

●──孝徳天皇は突然百済と縁を切った？

興味深いのは、蘇我入鹿暗殺後の孝徳朝で、外交姿勢に大きな変化が起きていることだ。

長い間ヤマト政権は、騎馬民族国家・高句麗の南下に対処し、朝鮮半島最南端の伽耶《かや》の権益を守ることに必死だったが、伽耶が百済と新羅に飲み込まれてしまったあとは、百済との関係を重視した。百済の役人の中には、「物部」の名を負った者も出現している。中国と通交するには、朝鮮半島の西側を経由する必要があったことも、大きな理由だっただろう。ちなみに、親百済派をリードしていたのは、物部氏と中臣氏だった。

ところが、七世紀前半の蘇我氏全盛期、大きな変化が起きた。中国に久しぶりに生まれた統一国家・隋や唐とつながるだけではなく、高句麗や新羅とも交わりをもったのだ。全方位外交を展開したのである。朝鮮半島では、四世紀末以降、高句麗は中国の歴代王朝が弱体化するたびに、南下してきたが、隋や唐が出現したことによって、南下の勢いが弱まった。中国に、脅威を感じるようになった。だからヤマト政権とも、接触するようになったのだ。新羅も百済とつながるヤマト政権とは犬猿の仲にあったが、蘇我氏全盛期に、関係は改善された。

また、だからといって、蘇我氏は百済を無下《むげ》にしたわけではない。蘇我氏は律令整備の鍵を握っているのは物部氏と判断し、婚姻関係を結び、協力体制を構築することに成功している。

その過程で、蘇我氏は、ちょっと風変わりな外交を展開している。皇極元年（六四二）正月、「百済国は今大いに乱れている」という報告があって、義慈王《ぎじおう》の甥・翹岐《ぎょうぎ》らが、島流しの憂き目に遭い、彼らは日本に亡命してきた。義慈王は独裁者で諫《いさ》めても無駄で、酒池肉林をくり広げていたようだ。

そこで蘇我蝦夷は、彼らを引き取り、優遇している。百済王に睨まれた人物を匿ったのだ。ところが、五月、翹岐の従者ひとりが亡くなり、翌日、翹岐の子があいついで亡くなってしまった。何やら、事件の匂いがする。百済の内紛を背負い込んだ人物ゆえに、無視できない。

そして、ここから話は急転回する。

三年後、蘇我入鹿が殺されたとき、古人大兄皇子は館にもどり、入鹿の死を嘆き悲しんだが、そのとき「韓人《からひと》が入鹿を殺した」と叫んでいる。直訳すれば、「外国人（具体的には半島人ということになるだろう）が入鹿を殺した」となる。ただし、実行犯の中に「外国人」はいない。そこで『日本書紀』は、「韓人は韓政《からのまつりごと》のこと」と補足している。朝鮮半島をめぐる外交戦の渦中に蘇我入鹿は巻き込まれたということか。

問題は、この後の孝徳天皇の施政である。唐に向かう船が、百済を経由しなくなったのだ。この時代、すでに半島東南部の新羅は、百済の北側を攻略し、半島の西側に抜ける海岸線を確保していた。そこで、孝徳天皇は、新羅の遣唐使に便乗し、またのちには遣唐使は新羅経由で唐に向かうルートを選んだ。

なぜ、孝徳天皇は便利な百済経由を捨てたのだろう。この時百済とヤマト政権の間に、大きな亀裂が生まれていたのだろう。そして、その原因を探っていくと、「蘇我入鹿暗殺」が決定的だったのではないかと思えてならない。古人大兄皇子が叫んだとおり、蘇我入鹿の暗殺の原因の一つは「韓政（外交問題）」としても、蘇我入鹿暗殺は「百済人の意志（親義慈王派）」だったのではないかと思えてくる。そして、蘇我入鹿が百済をめぐる外交問題が絡んで殺されたからこそ、孝徳天皇は百済のロビー活動に激怒し、百済と距離を置いたのだろう。

◉——「中臣氏」は親百済派だった

そこで、話は中臣鎌足にもどってくる。この人物こそ、百済系だったのではあるまいか。しかも、人質として来日していた豊璋である。

すでに述べたように、中臣鎌足は白村江の戦いに際し、『日本書紀』の記事から姿をくらましていたが、それは豊璋が百済に召喚されていた時期と重なる。百済が唐と新羅の連合軍に敗れ、豊璋は行方不明になるが、そのあと、中臣鎌足は日本の歴史にもどってくる。

どうにも怪しい。中臣鎌足は義慈王の子＝豊璋だったから、反義慈王派に肩入れする蘇我氏が許せなかったのではあるまいか。しかも、衰退する百済に冷淡な蘇我氏を恨み、百済に救援軍を派遣するためにも、蘇我氏が邪魔になったのではあるまいか。

中臣鎌足を豊璋と考える根拠を、掲げていこう。

まず、豊璋が「中臣」の系譜に紛れ込んだのは、中臣氏が親百済派だったからだろう。中臣氏は物部氏とともにヤマトに乗り込んだと『先代旧事本紀』は言うが、物部氏の拠点である大阪府八尾市付近から、三世紀の吉備《きび》系の土器がみつかっている。物部氏は瀬戸内海の王であり、北部九州を経由して朝鮮半島南部、さらに、朝鮮半島の西海岸を経て中国ともつながっていただろう。当然、百済と手を結ぶことになる。六世紀に勃発した物部氏と蘇我氏の主導権争いも、百済をめぐる政策の差が大きな課題のひとつだった。ここで、孤立気味の物部氏を後押ししていたのが、中臣氏だった。

『日本書紀』推古三十一年（六二三）是歳条《このとしのじょう》に、朝鮮半島南部の紛争をめぐる外交記事が載る。会議の中で、蘇我系田中臣と中臣連国《なかとみのむらじくに》（中臣鎌足の親族にあたる）が、異なる意見を述べている。

この年、新羅が任那（伽耶）を伐ったので、推古天皇は新羅を伐つべきか、蘇我馬子に諮り、諸卿を集めた。田中臣は「あわててはならない」と発言し、中臣連国は「すぐに新羅を伐ち、任那《みまな》を取り戻し、百済に与えるべき」と主張した。すると田中臣は、

「百済はよく嘘をつき裏切る国です。道の距離もだまします。百済の言うことは信用できません。任那を百済に着けてはならないのです」

推古天皇はこの意見に耳を傾けて、新羅遠征を取りやめた。そして、新羅から「任那は攻め

ない」という言質《げんち》を獲得することに成功する。ところがこの後、中臣連国らは、勝手に新羅を攻めてしまい、外交努力は水の泡になってしまった……。

この時点で、すでに蘇我氏と中臣氏の間に、大きな意見の違いが生まれていたことが分かる。しかも、中臣氏は明らかに親百済派である。

問題はこの後、親百済派の中心勢力だった物部氏が、蘇我氏と手を組んでしまい、蘇我氏は全方位外交をめざしてしまったことだった。「親百済」で、中臣氏は孤立してしまったと思われる。

●――草壁皇子と岡と百済のつながり

桜井市多武峰《とうのみね》の談山神社は中臣鎌足を祀っているが、ここから東北の方角に、忍坂《おつさか》の集落がある。桜井市から東に向かう国道一六五号線を途中で右に曲がり宇陀《うだ》に向かう途中だ。ここが百済系渡来人にまつわる土地であるとともに、中臣氏とつながっていた。

忍坂から宇陀にかけて、七世紀前半から半ばにかけて造られた「磚槨墳《せんかくふん》」と呼ばれる珍しい古墳が集まっている。榛原石《はいばらいし》（室生安山岩《むろうあんざんがん》）を板状にして積み上げた横穴式石室を備えもつ。

中国や朝鮮半島にもよく似た墳墓が見受けられるが、レンガ状に焼き上げた塼《せん》を用いている。

板状の石は代用品かもしれない。百済系の渡来集団が集住していたようだ。

この古墳群の近くに、談山神社と関わりの深い粟原寺《おうばらでら》（桜井市粟原）があった。談山神社に残る粟原寺の金銅伏鉢に、創建のいきさつが記されている。持統八年（六九四）、御食子《みけこ》の甥の子（鎌足の従兄弟の子になる）で持統朝の重臣だった仲臣《なかとみの》（中臣）朝臣大嶋《あそんおおしま》が草壁皇子の菩提を弔うために発願したことが始まりだったという。ちなみに、草壁皇子を推していたのが、中臣鎌足の子の藤原不比等である。

天下にことが起きるとき、多武峰の神像が鳴動すると言い伝えられるが、まずその鳴動は、粟原寺で始まるのだという。百済系渡来人の集住地と中臣鎌足の祀られる多武峰が、粟原寺を介してつながってくる。

また、草壁皇子も、中臣氏と百済をつなぐ材料をもっている。

草壁皇子は天武天皇と持統天皇の間に生まれたが、天武天皇崩御のあと、皇太子でありながら即位できずに病没してしまう。この即位できない「鬱屈とした日々」をどこで過ごしていたのか、『日本書紀』は明記しない。ところが『続日本紀』は、「岡宮御宇天皇《おかのみやにあめしにしらしめしすめらみこと》」と追謚《ついし》されていたことを記録している。草壁皇子は岡宮に暮らしていたのに、『日本書紀』はそれを隠匿していたのだ。

岡宮は岡寺《おかでら》所在地をさすと長い間信じられてきた。

『東大寺要録』と『七大寺年表』に、岡寺と百済をつなぐ、興味深い記事が載る。奈良時代を代表する法相宗《ほっそうしゅう》の高僧・義淵《ぎえん》の話だ。義淵は天智天皇の庇護のもと、草壁皇子とともに岡宮で育てられ、草壁皇子没後、宮が下賜されたため寺にした。これが岡寺だという。

問題のひとつは、岡寺が飛鳥の中心部から観て、東の高台に位置すること、寺にたどり着くまで、息を切らして急坂を登る必要があること、即位のチャンスを待つ間、なぜ草壁皇子はこのような不便な場所に暮らしていたのだろう。

岡寺は多武峰の中腹に当たっている。よく知られているように、多武峰は、中大兄皇子と中臣鎌足が蘇我入鹿暗殺の密儀をくり返した場所でもある。岡宮は、多武峰の前線基地と捉えることも可能なのだ。そのような場所に、草壁皇子が暮らしていたのはなぜだろう。おそらく、中大兄皇子が大海人皇子の即位を阻むために蘇我入鹿を殺したように、持統天皇は天武天皇崩御ののち、草壁皇子の即位を願って、ライバルで蘇我氏に推されていた大津皇子《おおつのみこ》をワナにはめて殺してしまったのだろう。だから草壁は即位できずに、岡宮に逼塞し、これを多武峰に根城をもっていた藤原不比等が支えていたのだろう。蘇我氏が大津皇子をあと押ししていたことは、『万葉集』の記事から読み解くことができる（他の拙著）。

ところで義淵《ぎえん》は、百済系で、藤原氏と縁が深い。『扶桑略記』大宝《たいほう》三年（七〇三）三月条に、義淵について、「大和国高市郡《たかいちのこおり》の人で、俗姓は阿刀《あと》氏（母方が阿刀氏だったようだ）」と言い、次の話を続ける「義淵の父母に子がなく、観音に祈願して授かったのが義淵だった。これを知った天智天皇は、草壁皇子らと岡本宮（岡宮）で養育した」という。また『続日本紀』は、義淵を市往《いちゆき》氏の出身といい『新撰姓氏録』は、市往氏は百済国の明王の末裔と言っている。『醍醐寺本諸寺縁起集』には、次の記事がある。天禄元年（九七〇）八月の龍蓋《りゅうがい》（岡寺）・龍門両寺別当補任の太政官符《だいじょうかんぷ》に、「義淵は国家隆泰と藤原氏の繁栄を願って岡寺を創建した」とある。

百済系渡来人の末裔・義淵と草壁皇子は、岡の地で育てられたと言うが、斉明二年（六五六）の『日本書紀』の記事に、注目すべき内容が記されている。これは、孝徳天皇崩御ののち、白村江の遠征の直前の話だ。

この年に、飛鳥の岡本に宮地を定め、天皇は遷られた。名付けて「後飛鳥岡本宮《のちのあすかのおかもとのみや》」という。田身嶺《たむのみね》（多武峰）の山頂に垣をめぐらせた。峰の上の大きな槻の木の脇に、物見櫓を立て、それを両槻宮《ふたつきのみや》と呼んだ。天宮《あまつみや》とも言った……。

この記事は無視できない。斉明朝が盛んに土木工事を行い、「狂心《たぶれごころ》」と民に罵《ののし》られていた時、政権は岡本宮に遷っていた。これは、岡の高台だろう。そしてその背後にそびえる多武峰を、要塞化していたのだ。これは、実権を握っていた中大兄皇子らが、飛鳥の蘇我勢力に対抗するためだろう（拙著『古代史謎解き紀行1　封印されたヤマト編』新潮文庫）。

そしてここに、中臣（藤原）と百済の接点が、見えてくる。

●――人質として来日し帰国して王に立った豊璋

そこで、豊璋について考えておきたい。『日本書紀』に描かれた豊璋だ。

舒明三年（六三一）三月、義慈王に命じられて、豊璋は人質として来日した。朝鮮半島では、新羅の成長が著しく、百済は仇敵高句麗と手を結び、またヤマト政権を頼ったのだ。そのために、人質を差し出し、彼はロビー活動もくり広げたのだろう。

皇極二年（六四三）、百済王子・豊璋は、蜜蜂の巣四枚を三輪山《みわやま》に放ち、飼おうとした。しかし、うまく繁殖しなかった（何やら怪しい）。孝徳政権の時代の白雉《はくち》元年（六五〇）、穴門《あなと》（長門《ながと》、山口県）の国司が白雉を献上してきた。そこで、孝徳天皇は百済君《くだらのきみ》（豊璋）に尋ねると、

「後漢の明帝の永平十一年に、白雉をあるところでみたと言います」

と答えた。その他の人からも話を聞き、白雉を宮中に引き入れ、天皇と皇太子が雉《きじ》を手にとって御覧になり、祥瑞《しょうずい》を喜び合った。そして元号を「白雉」に変えた。

斉明六年（六六〇）七月、唐と新羅の連合軍の前に、百済の義慈王《ぎじおう》は降服し、百済は滅亡した。すると百済の遺臣・鬼室福信《きつふくしん》と余自進《よじしん》（どちらも王族）は敗残兵をかき集め、国を再興し

た。そして十月、ヤマト政権に使者を送り、援軍を要請し、王子・豊璋の帰還を請うた。王に立てたいというのだ。斉明天皇はこれを許した。

　ここからヤマト政権は遠征の準備を始めた。以下、豊璋の姿を、白村江の戦いの様子の中に追っていくことになる。

　斉明七年（六六一）春正月、斉明天皇は西征をはじめた。五月に朝倉橘広庭宮《あさくらたちばなのひろにわのみや》（福岡県朝倉市）に滞在され、七月二十四日にここで亡くなり、皇太子・中大兄皇子は、喪服を着て政務を取りしきった。この月、唐の蘇定方《そていほう》は突厥《とっけつ》の王子と共に水陸ふたつの方角から高句麗の城下に迫った。一方中大兄皇子は長津宮（那大津《なのおおつ》、福岡市）に遷り、ようやく軍政の指示を出すようになった。

　八月、前将軍・阿曇比邏夫連《あずみひらふのむらじ》と、後将軍・阿倍引田比邏夫臣《あべのひけたのひらぶおみ》らに百済救援を命じた。九月に、皇太子は長津宮で織冠《しょくかん》を百済の王子豊璋に授けた。また、五千の兵を添えて本国に護送させた。百済では福信が豊璋を出迎え、拝礼して国政を委ねた。

　天智元年（六六二）春正月一日、百済の福信に武器が下賜され、三月には百済王（豊璋）に、多くの布や皮、稲種が下賜された。三月、唐と新羅は高麗を討った。高麗は日本に救いを求め、百済の疏留城《そるのさし》（のちに出てくる「州柔《つぬ》」）に将軍を派遣した。このため、唐と新羅の侵攻は、一度足踏みをした。

五月に、阿曇比邏夫連が百七十艘の船を束ねて、豊璋らを百済国に送り、「豊璋を百済王につけよ」という勅《みことのり》を伝えた。豊璋と福信は拝礼して勅を受け、人びとは涙した。

冬十二月、百済王豊璋は、福信や日本の将らと軍議を開き、次のように提案した。

「この州柔（疏留城）は、穀倉地帯から離れ、土地は痩せている。これは、戦闘するだけの土地だ。久しくここに留まれば、人々は飢えるだろう。だから、避城《へさし》に移ろう。天然の要害で、三韓（朝鮮半島南部）でもっとも肥沃な土地だ。低地だが、ここに移らないでどうする」

日本側の将は、反対した。豊璋の推す避城は、敵に近すぎるという。飢えるよりも早く、敵に攻められ滅びると諫言《かんげん》した。その一方、州柔こそ、険しい地形で、護りに適していると意見した。しかし、豊璋は聞く耳を持たず、避城に移った。

豊璋はどこに消えたのだろう

天智二年（六六三）春二月新羅の人たちは百済の南方の土地を焼き、要地を攻略した。この結果、諫言どおり、新羅の敵勢と間近に接するようになってしまった。そこで豊璋らは、州柔にもどってきた（豊璋の失策となった）。

三月、二万七千の倭の軍団が新羅を攻めた。夏五月、倭の将（犬上君《いぬかみのきみ》）が高麗に走り、唐と新羅の連合軍に対処すべく、高麗と百済が協力すべきことを告げて帰ってきた。。

　六月、倭の将軍が新羅に対し攻勢をかけ、ふたつの城を落とした。一方百済王豊璋は、福信に謀反の心があると疑い、手のひらに穴をあけ、革を通して縛った。けれども、どう処分してよいのか分からなかった。そこで豊璋は諸臣に「福信の罪は明らかだ、斬るべきかどうか」と尋ねた。「許すべきではない」と意見する者に福信は唾をかけて、「腐った犬のような愚か者‼」と罵った。王（豊璋）は健児《ちからひと》（腕っ節の強い者）を率いて、福信を斬り、醢《すし》にした（「醢」とは、首を晒《さら》すために、塩漬けにして腐敗を防いだ）。

　秋八月、新羅は百済王（豊璋）が、自身の良き将（福信）を斬ってしまったことを知り、好機とばかりに百済に攻め入り、まず州柔を奪おうとはかった。ここに「百済」（百済王の略。要は豊璋）は、敵の思惑を知り、諸将に、次のように語った。

「今聞くところによると、大日本国の将は、大軍を率いて海を越えてやってきたという。願わくは、諸将はあらかじめ、敵を破る策を練っておいてほしい。私はこれから白村（白村江）に出向き、倭の援軍を迎えて饗応しようと思う」

　その四日後、州柔を敵の軍勢が囲み、唐は百七十艘の船団を率いて白村江に陣を敷いた。その十日後、日本の先遣隊と唐の水軍が激突。日本の水軍は敗れて退いた。翌日、日本の諸将と百済王は、状況を把握できないまま軍議を開き、「われわれが先に攻め込めば、敵は自ずから退くだろう」と高をくくり、猪突した。すると唐の大船団に囲まれ、瞬時に破られた。溺れる者が多かった。逃げることもできず、多くの人が亡くなった。百済王豊璋は、数人と船に乗って高麗（高句麗）に逃げた。

九月、百済の州柔城は、唐に降服した。百済の人びとは、「州柔が落ちては、いかんともしがたい。百済の名は、絶えた」、こう言って日本の将らと合流し、家族らと日本に逃れていったのだった。

『日本書紀』に描かれた豊璋の足跡は、これで終わる。

では、豊璋は『日本書紀』の言うとおり、高句麗に消えてしまったのだろうか。

中国の北宋の時代（十一世紀）に記された『資治通鑑《しじつがん》』には、百済王（豊璋）は一度高句麗に逃れたが、高句麗が唐に敗れたため、捕縛され、唐に連行されたとある。しかし、十世紀半ばの『旧唐書《くとうじょ》』は、「倭の水軍は敗れ、豊璋は逃げ去った」「豊璋は北（高句麗）へ、余勇（善光王）は、南へ逃げた」と記す。西暦一〇六〇年に記された『新唐書』は、「豊璋は行方不明」という。『新羅本紀』は、「豊璋は単身で脱出した」といい、行方を記していない。

『日本書紀』の言うように、本当に豊璋は高句麗に逃げたのだろうか。多くの民と兵を城に残したまま敵前逃亡してしまった豊璋が、果たして、「百済復興の夢を抱いて高句麗に潜伏しよう」

と考えるだろうか。長年住み慣れた日本に戻るために、倭の水軍の中に紛れ込んだのではなかったか。船で高句麗に逃れるには、新羅領の海岸線を通らなければならない。新羅側も警戒していることは分かっているから、余程のことがなければ、高句麗に逃れることはなかっただろう。その勇気と使命感があるなら、兵や民とともに城に残り、奮戦していたはずではないか。

豊璋は、倭の水軍とともに、日本に戻ってきたのだろう。ちなみに、多くの百済遺民も、この時海を渡って日本に逃れてきている。どさくさに紛れて豊璋は日本に戻り、「中臣鎌足にすり替わって、何食わぬ顔をしていた」にちがいない。

◉——蘇我倉山田石川麻呂の生首と山田寺の仏頭

中臣鎌足の子が藤原不比等で、その末裔の藤原氏は千年の繁栄を続けていくが、藤原氏が実権を握ると、「反新羅外交」を展開していく。白村江の戦いののち、唐と新羅は高句麗を滅ぼすが、その後唐が朝鮮半島を支配しようと動き出したため、新羅は独立を目論み、成功している。ここから先、藤原政権は、新羅を敵視し続けていくのは、中臣鎌足が百済王家出身だからではあるまいか。百済は長い間新羅と対立し、最後は新羅に滅ぼされたのだから、憎悪し続けたのだろう。

山田寺（写真下・山田寺跡）の本尊は藤原氏の氏寺・興福寺の僧兵に奪われたが、昭和12（1937）年、忘れ去られていた仏頭（写真上）が発見された。

ところで、中臣鎌足と豊璋をつなぐ糸が、思わぬ場所に転がっている。それが、蘇我倉山田石川麻呂の生首である。

蘇我倉山田石川麻呂が亡くなったあと、山田寺に押しかけてきたのは蘇我臣日向ら謀反の密告者たちだったが、彼らを誰が動かしていたのかがはっきりとしない（孝徳天皇の命を受けた軍勢はすでに引き上げていた）。その中の物部二田造塩《もののべのふつたのみやつこのしお》なる者が蘇我倉山田石川麻呂の遺骸を切り裂き、大刀でさし上げて雄叫びを上げていた。中大兄皇子のキサキで蘇我倉山田石川麻呂の娘の遠智娘《おちのいらつめ》は、「塩」の名のつく者に父が切り刻まれたことを知り、哀しみ嘆いた。だから近侍する者は、「塩」の名を口にせず、「堅塩《きたし》」と言った。遠智娘は心を痛めて亡くなった……。

この話、妙にひっかかる。「塩」の男が父を切り刻んだから「塩」を嫌ったという話は現実味がない。蘇我倉山田石川麻呂の遺骸は切り刻まれ、首を塩漬けにして、晒し首になり、それが遠智娘の目に入ったのではなかったか。豊璋が鬼室福信の首を醢にした話を思い出す。そして、この時代、生首を塩漬けにして晒し者にする風習は伝わっていなかった。ならば、誰が蘇我倉山田石川麻呂の首を晒したのかと言えば、それは、豊璋ではなかったか。

これは余談だが、蘇我倉山田石川麻呂の亡くなったのは山田寺で、その本尊は、文治《ぶんじ》三年（一一八七）藤原氏の氏寺・興福寺の僧兵の手で奪われている。罪人を引きずるように、連行された。この時代、仁和寺《にんなじ》が山田寺を支配していたが、興福寺は争っていて、その復讐の意味もあったようだ。これよりもすこし前、治承《じしょう》四年（一一八〇）に南都焼き討ちで興福寺東金堂の本尊は焼け落ちていたのだ。摂政《せっしょう》九条《くじょう》兼実《かねざね》（藤原の長者）は、尻ぬぐいに奔走したが、山田寺に本尊を返すことはなかった。四年後に東金堂は再建され、新たな本尊の台座の下に、仏像の首は納められた。そして、昭和十二年（一九三七）の東金堂解体修理によって、忘れ去られていた仏頭が、発見されたのだった。

山田寺の本尊の仏頭だけが生き残り、昭和になって蘇ったのは、なにやら生首を晒された蘇我倉山田石川麻呂の執念のように思えてならない。

そして、つい最近まで、例の仏頭は「山田寺の仏頭」と呼ばれていたが、今興福寺は、「山田寺」の名をはずしている。後ろめたい気持ちがあるからだろう。ただし仏像は、盗んできたのではなく、移しただけだとも、主張している。

◉――乙巳の変と大化改新の意味

中臣鎌足は百済王子・豊璋ではないか……。それを証明するかのような物証がみつかっている。

昭和九年（一九三四）四月、大阪府茨木市と高槻市の間にある阿武山《あぶやま》（標高二八一メートル）の山頂付近で、七世紀の古墳がみつかった。京都大学が地震観測施設を建設するために、穴を掘ったところ、墓室が出現したのだ。土盛りがなかったから、古墳があるとは思ってもいなかったし、奇跡的な発見となった。

漆塗《うるしぬ》りの棺の中にミイラ状の老人の遺体が横たわり、盗掘の被害もなかった（土盛りがないからだろう）。全身の半分の骨と髪の毛、皮膚の一部、衣裳、金糸、ガラス玉などがみつかった。

中臣鎌足とゆかりの深い土地だったため、内務省は憲兵隊を派遣し、天皇にもっとも近い一族の祖ゆえ、「不敬」と判断されたようで、埋められてしまった。藤原氏の末裔（特に北家《ほっけ》）は、近代日本の中枢部に閨閥《けいばつ》を形成していたから、当然、アンタッチャブルな領域だったわけである。

珍しい墓の様式で、日本には他に例がなかった。百済の都の公州扶余の陵山《りょうざん》里《り》古墳（ヌンサンリ）群にそっくりなものがあって、百済系の工人が造ったと考えられている。

昭和五十七年（一九八二）、京都大学地震観測所の一室で、阿武山古墳の資料がみつかった（こちらも偶然）。公開されていなかった棺内部の写真や遺体のX写真などだった。

遺体にまとわりついていた金糸は、袋状の織物の刺繍と分かった。帽子、頭巾、冠状である。

国内に比較する材料がなかったが、韓国の王墓によく似た物がみつかっていた。金糸で文様をあしらった冠（白樺冠帽《しらかばかんぼう》）である。

大化改新で定められた冠位制度で最高の地位の者に与えられる帽子は「織冠《しょっかん》」で、縁に刺繍がある。その次が「繍冠《しゅうかん》」で、帽子と縁の両方に刺繍が施される。刺繍のある帽子、冠は、これら上位ふたつだけで、遺体は、このどちらかの冠位を得ていた者になる。また、阿武山古墳の帽子には、縁に刺繍が施されていた。

『日本書紀』を調べてみると、歴史上「繍冠」を授けられた者はいなかった。その代わり、「織冠」は、二人いた。豊璋と中臣鎌足だ。『日本書紀』の記事を信じれば、豊璋は白村江の戦いののち高句麗に逃れたというのだから、墓の主は中臣鎌足ということになる。

しかしここで、大きな謎が浮かぶ。それは、なぜ中臣鎌足は、百済王家とそっくりな墓に埋められたのだろう。それは、中臣鎌足が豊璋と同一人物であり、百済王の末裔として、百済様式の墓に埋められたからだろう。やはり、中臣鎌足は百済王子であり、だからこそ、蘇我入鹿暗殺を主導したのだろう。中臣鎌足には、日本の改革事業など、どうでもよかったのだ。中臣鎌足はロビー活動をくり広げ、「誘いに乗る皇族」を物色していたのだろう。そして中大兄皇子を見つけた。大海人皇子に皇位を奪われることを恐れていた中大兄皇子に「蘇我入鹿さえ殺せば、皇位は転がり込んできましょう」と、そそのかしたにちがいない。

藤原不比等全盛期に書かれた『日本書紀』の中で、民衆の中大兄皇子に対する罵倒の声は削除されていないし、蘇我入鹿暗殺現場で、中大兄皇子は中臣鎌足（豊璋）の「パシリ（使いっ走り）」のような役目を担っていた。

豊璋（中臣鎌足）はこうして、目的を完遂し、末裔の藤原氏は、日本の地に根づいていったのだ。

乙巳の変と大化改新は、けっして正義の戦いではない。じつに悲しい歴史なのだ。何が悲しいかと言えば、千数百年も、真相は隠され、真実にだれも気付かなかったことだ。百済王子豊璋が、律令整備のどさくさに紛れ、蘇我氏を倒し、王家を傀儡にするために仕組んだ事件、それが乙巳の変であり、このクーデターの本質を見抜かれないように、『日本書紀』は正義の大改革・大化改新を大袈裟に『日本書紀』に書き付けたのだろう。

中大兄皇子と中臣鎌足は、決して古代史の英雄ではないのだ。せめて、蘇我入鹿や蘇我倉山田石川麻呂が復権することを願ってやまない。

おわりに

古代史は大化改新で大きく化けた……。それは、奈良時代に記された『日本書紀』が示した歴史観にすぎず、現実はやや異なる。

改革事業という視点で言うと、五世紀後半から中央集権化への歩みは始まっていたし、大化改新は一里塚に過ぎない。それにもかかわらず「大きな改革を断行した」と『日本書紀』が強調するのは、蘇我氏が邪魔だったと印象づけるためだ。それは、本文の中で述べたとおりだ。

しかし一方で、『日本書紀』の言う意味とは逆に、七世紀の半ばに日本の歴史の大きな節目が到来していたことは事実だ。乙巳の変（六四五）の蘇我本宗家滅亡で失ったものは大きかった。古代日本のよき時代は、彼らの滅亡によって、終焉したのだ。彼らが生きていれば、白村江の戦い（六六三）もなかっただろうし、壬申の乱（六七二）も起きなかっただろう。そして、藤原氏だけが栄える時代の到来もなかっただろう。

律令は、飛鳥《あすか》浄御原令《きよみはらりょう》（六八九）を経て、大宝律令（七〇一）の発布によって整った。しかし、蘇我本宗家滅亡の影響は、ボディーブローのように効いていったのだ。律令は新たな統治システムだったが、いつの間にか「藤原氏が勃興し、繁栄するための道具」になり果て、多くの土地が藤原氏の私物になってしまった。

一見して理想的に思える「土地を公平に民に配る」という発想が間違っていることは、現代人ならば、よく知っている。複数の共産（社会）主義国家の失敗によって気付かされた（いまだに間違っていることに気付かない人もいるが）。だから、律令土地制度が破綻することは時間の問題だったのだ。結局、制度の穴を欲深い為政者に、利用されることになってしまった。だから、悔いの残る改革事業の失敗の歴史を知るためにも、大化改新、白村江の戦い、壬申の乱の歴史は重要なのだ。これが、これから出版される予定の三部作にした理由である。

さて、改めて述べるまでもなく、歴史はつながっている。だから、古代史が現代史にも影響を与えているし、歴史を無視してしまっては、先を見通すことはできない。たとえば明治時代に至り、大化改新は明治維新を正当化する材料に使われた。どちらも王政復古だったからだ。また、明治天皇の取り巻きたちの中に、中臣鎌足の末裔がいたのだ。摂関家（藤原氏）らは、華族の一員となって、近代日本の支配者階級を形成し、その閨閥と権威は今日にも継承されている。

その一方で、明治政府は歴史を無視したことで、大きな失敗をしている。天皇を一神教的な神に仕立て上げたことだ。キリスト教世界の帝国主義を正当化するカラクリをそっくり移入した。「神の名のもとに、野蛮な人々をキリスト教の高みに引き上げる義務がある」という図式を、そのまま天皇に当てはめた。多神教的で大自然の猛威を鎮める役割を担い続けてきた祭司王（天皇）は、「正義（独善）を押しつける側」にまわったのだ。近代のいわゆる「天皇制」は、特殊でいびつな形態なのである。

明治政府の過ちは、日本人を奈落の底に突き落とした。いや、日本人自身が、大きな勘違いをはじめる。第一次世界大戦まで、戦争に負けなかったことも災いした（薄氷の勝利が多かったが）。民衆は熱狂し、新聞がこれを煽りに煽った。戦争のたびに、新聞は売り上げを伸ばし、大衆もマスメディアも、図に乗って暴走を始めたのだ。「悪い右翼と政府が日本人をだました」は、ウソだ。大衆が、まず狂って好戦的になった。明治三十八年（一九〇五）、ポーツマス条約に不満を爆発させた群集は日比谷焼打事件を引きおこし、ロシアとの戦争を継続するよう求めた。昭和八年（一九三三）、満州事変を世界から非難された日本は国際連盟を脱退してしまうが、強い世論に負けて、引きずられてしまったのが本当のところだ。

昭和十一年（一九三六）に二・二六事件が勃発したのは、マスメディアと大衆の熱気の総決算でしかなかった。ただし、このあたりから、「まずいことになってきた」と、みな感じ始めたはずなのだ。けれどもすでに、後戻りできないところまで来てしまったのだ。

さらに言えば、混とんとした時代には変革の期待が高まり、それに乗じた大事変（クーデター）が起こりやすい。二・二六事件もそうであり、血気盛んな青年将校たちが跋扈《ばっこ》する舞台が用意されたが、無残な結果になってしまったのだ。これこそ、歴史を無視した報いだと思う。

なお、今回の執筆にあたり、廣済堂出版の飯田健之氏、アイブックコミュニケーションズの的場康樹氏、歴史作家の梅澤恵美子氏に御尽力いただきました。改めてお礼申し上げます。

合掌

▼本文に掲載した写真はパブリックドメイン版を選んで掲載致しました。なお、本文中の敬称は省略しました。

[参考文献]

『日本書紀　一　二　三』　新編日本古典文学全集　（小学館）
『古事記』　新編日本古典文学全集　（小学館）
『古事記祝詞』　日本古典文学大系　（岩波書店）
『日本書紀』　日本古典文学大系　（岩波書店）
『風土記』　日本古典文学大系　（岩波書店）
『萬葉集』　日本古典文学大系　（岩波書店）
『続日本紀』　新日本古典文学大系　（岩波書店）
『魏志倭人伝・後漢書倭伝・宋書倭国伝・隋書倭国伝』　石原道博編訳　（岩波文庫）
『旧唐書倭国日本伝・宋史日本伝・元史日本伝』　石原道博編訳　（岩波書店）
『三国史記倭人伝』佐伯有清編訳　（岩波書店）
『先代舊事本紀』大野七三　（新人物往来社）
『日本の神々　11　関東』　谷川健一編　（白水社）
『神道大系　神社編』（神道大系編纂会）
『古語拾遺』斎部 広成著　西宮 一民編集　（岩波文庫）
『藤氏家伝　注釈と研究』　沖森卓也　佐藤信　矢嶋泉　（吉川弘文館）
『講座　日本歴史　1　原始･古代1』　歴史学研究会　日本史研究会（東京大学出版会）
『律令制の虚実』　村井康彦　（講談社学術文庫）
『律令国家と社会構造』　石上英一　（名著刊行会）
『古代王権と官僚制』　仁藤敦史　（臨川書店）
『前方後円墳の世界』　広瀬和雄　（岩波新書）
『古代国家はいつ成立したか』　都出比呂志　（岩波新書）
『前方後円墳国家』　広瀬和雄　（角川選書）
『日本の歴史　03　大王から天皇へ』　熊谷公男　（講談社）
『日本の歴史一　旧石器・縄文・弥生・古墳時代　列島創世記』　松木武彦　（小学館）
『日本の考古学5　古墳時代　下』　近藤義郎　藤沢長治編　（河出書房）
『関晃著作集　四』　関晃　（吉川弘文館）
『シンポジウム　日本歴史　3』　井上光貞　門脇禎二　関晃　直木孝次郎　（学生社）
『藤原鎌足』　田村圓澄　（塙新書）
『大化改新の基礎的研究』　北村文治　（吉川弘文館）
『日本古代国家史研究』　原秀三郎　（東京大学出版会）
『蘇我氏四代の冤罪を晴らす』　遠山美都男　（学研新書）
『謎の豪族　蘇我氏』　水谷千秋　（文春新書）
『日本書紀の謎を解く』　森博達　（中公新書）
『日本書紀成立の真実』　森博達　（中央公論新社）
『「大化改新」隠された真相』　谷口雅一　（ダイヤモンド社）
『元号を考える』　鈴木武樹編　（現代評論社）
『日本歴史叢書　王朝政治史論』　北山茂夫　（岩波書店）
『津田左右吉全集3　日本上代史の研究』　津田左右吉　（岩波書店）
『大化改新　史論　下』門脇禎二（思文閣出版）
『飛鳥の木簡』　市大樹　（中公新書）
『隠された十字架』　梅原猛　（新潮文庫）
『聖徳太子　4』　梅原猛　（集英社文庫）
『坂本太郎著作集　第六巻　大化改新』　坂本太郎　（吉川弘文館）
『蘇我氏と大和王権』　加藤謙吉　（吉川弘文館）
『大化改新』　遠山美都男　（中公新書）
『聖徳太子の誕生』　大山誠一　（吉川弘文館）
『聖徳太子信仰の成立』　田中嗣人　（吉川弘文館）
『巨大古墳の聖定』　渋谷茂一　（六興出版）
『消された政治家菅原道真』　平田耿二　（文春新書）
『国民の歴史　3　飛鳥朝』　北山茂夫　（文英堂）
『藤原鎌足とその時代』　青木和夫・田辺昭三編　（吉川弘文館）
『地図とあらすじで読む古事記と日本書紀』（青春出版社）
『新詳日本史図説』（浜島書店）

関裕二　せきゆうじ
歴史作家。武蔵野学院大学日本総合研究所スペシャルアカデミックフェロー。1959年千葉県柏市生まれ。1991年に衝撃的デビュー作『聖徳太子は蘇我入鹿である』を発表以来、古代をテーマに意欲的な執筆活動を続けている。著書多数。
近著に『縄文文明と中国文明』(PHP新書)、『こんなに面白かった古代史「謎解き」入門』(PHP文庫)、『「大乱の都」京都争奪 古代史謎解き紀行』(新潮文庫)、『闇に葬られた古代史』、『謎解き「日本書紀」誰が古代史を塗り替えたのか』(じっぴコンパクト新書)、『百済観音の正体』(角川ソフィア文庫)、『古代史で読みとくかぐや姫の謎』(祥伝社黄金文庫)、『教科書に絶対載せられない偽装!古代史』(廣済堂文庫)、『繰り返された「生前退位」と天皇の正体』、『ヤタガラスの正体』(廣済堂新書)などがある。

企画・プロデュース：アイブックコミュニケーションズ
装丁：原田恵都子
カバー絵：亀川秀樹
図版作成：桜井勝志
DTP：株式会社 三協美術
編集協力：矢野政人
編集：飯田健之

古代史再検証 大化の改新

2020年7月15日 第1版第1刷

著 者 関 裕二
発行者 後藤高志
発行所 株式会社廣済堂出版
〒101-0052 東京都千代田区神田小川町2-3-13 M&Cビル7F
電話 03-6703-0964（編集）
03-6703-0962（販売）
FAX 03-6703-0963（販売）
振替 00180-0-164137
URL https://www.kosaido-pub.co.jp

印刷所
製本所 株式会社廣済堂

ISBN978-4-331-52301-8 C0021